元華文創

資訊素養
融入探究式學習
之理論與實務

Theory and practice of integrating information literacy
into inquiry-based learning

成功的教育在培養學生主動探究的能力，
而資訊素養是通往探究之道！
Super 3、Big 6、Guided inquiry，翻轉學習！

主編／陳昭珍

作者／陳昭珍‧陳海泓‧賴苑玲‧曾品方‧陳芳雅‧林心茹‧童師薇

 圖書資訊學研究叢書系列

推薦序：一起學習明天需要的能力

　　大約從 2013 年起，我便注意到由時任國立臺灣師範大學陳昭珍教授帶領團隊所制定的「圖書資訊利用教育教學綱要」，這份綱要對中小學教學現場幫助很大，老師帶學生到圖書館上課，不會只是「自生不滅」的「放生閱讀」，各年級開始有了可依循的教學方向；不僅如此，各階段還有對應的教案和簡報，提供教師參考運用，包括我當時服務的學校，都深受其益。

　　在「圖書資訊利用教育教學綱要」中有三大構面，分別是「圖書館利用」、「閱讀素養」和「資訊素養」，很明確的把「資訊素養」納入推動的重點；如今時代變遷一日千里，我們從事各項活動幾乎都離不開電腦、平板、智慧型手機等資通訊科技，當時將「資訊素養」納入「圖書資訊利用教育」的範疇，也可說是超前布署了。2020 年修訂的教學綱要，則進一步回應新課綱強調的素養導向，以探究式學習培養有意願、有方法、能運用的新世代。

　　這當然不是簡單的事，因為不論教學理念與方法都和原本熟悉的教學不同，我們期待孩子能面對未來，學習明天需要的能力，老師自己同樣也是這波改變的學習者。

　　這本書就是為了想改變的老師而寫。

　　前三章是「理論篇」。

　　第一章開宗明義闡釋什麼是資訊素養，並且分析與近年常見的新名詞彼此的關連，輔以圖示，方便讀者梳理統整。接著援引美國專業學會訂定的資訊素養標準，從中一窺資訊素養融入專題探究課程，是重要且可行的模式，與臺灣新課綱理念不謀而合。

第二章娓娓道來學習的定義，整理重要學習理論的主要論點，並分析當今學習趨勢，讓讀者了解時代正在改變，改變的方向正朝著以學生為中心的學習方式。而資訊素養教學奠基在建構主義的學習理論，學生是主動的學習者，面對知識不停變動，探究導向的學習此其時也。

　　第三章將資訊素養教學模式形容像路線圖，出發前掌握路線圖可讓旅程更安心，抓對方向。本章蒐集了適合 K-12 年級的五種教學模式，介紹其步驟及適用情境，更將各種模式加以比較，讀者可由比較表中看出其異同。最後提出進行教學設計的建議，以及評量的向度與注意事項。

　　後四章是「實務篇」。

　　第四章針對國小低年級學童設計「認識越南」主題探究課程，採用Super3 模式實施融入式的資訊素養教育，透過計畫（Plan）、執行（Do）、評估（Review）三階段，由三位教師協同教學，考量學校課程目標與學生先備經驗後，在實施過程不斷對話，聚焦資訊素養教育教學目標，文末之省思頗具建設性。

　　第五章以 5W1H 的行文架構闡述教學為什麼要改變、改變可以由簡入繁、每一個「自己」都可以讓探究歷程隨時隨地發生。以國小中年級為對象實施探究式資訊素養課程時，三、四年級因程度經驗不同，可採用不同模式，並分享各步驟教學重點及實例，最後提醒班級氛圍與同儕互動也是關鍵因素。

　　第六章以「有意義的連結」串起探究式學習，包括與課程、學習策略、評量、資源與探究團隊的連結，並以針對國小高年級設計的「臺灣之美」課程為例一一說明如何「連結」及具體教學步驟。其中，讓學生成為主動評量者的作法，以及學生遇到困難時如何解決，都提出不凡見解。

　　第七章以 Big6 模式引導國中生針對聯合國在 2015 年提出的「2030 永續發展目標」SDGs 實施資訊素養教學，不僅列出教學主題、內容與目標，也詳述 Big6 模式各步驟的教學重點，並提供好用的工具。過程中能培養

「專題管理能力」、建立「試錯的信心」，相信讀者按圖索驥也能印證「教學有更好的可能」。

　　本書作者群包括學者與第一線教師，理論與實務相互呼應，如第二章所言，希望能協助教師能「設計有理論依據的資訊素養教學」。本書不僅是圖書教師推動圖書資訊利用教育的最佳幫手，也是所有想讓教學變得更有意義的老師最得力的寶典！

國立清華大學竹師教育學院客座助理教授

前臺北市國語實小校長

林玫伶

主編序：為未來而教　為未來而學

　　愛因斯坦說：「教育就是一個人把學校教的忘光後，留下的東西。」這裡所指留下的東西，就是素養。素養乃指學生應具備成長心態（growth mindset），持續的自我改變。讓學生具備持續成長的心態與動力，是教育最重要的目標。以閱讀而言，小學低年級的學生需要充實其識字量及閱讀流暢度，中年級應該具備閱讀理解能力，到了高年級則應學習專題探究能力。孩子有了專題探究的興趣與能力，就具備了自主學習與創造知識的能力。

　　專題探究是由學生針對特定主題深入分析，主動探尋問題，從「做中學」、「觀察中學」、「思考中學」。在歐美國家，探究式學習是最主要的學習模式，以瑞典、芬蘭為例，多數課程沒有教科書，學生必須主題式的閱讀並針對議題主動探究。專題探究的教學方式有很多種，資訊素養教育是其中在理念、認知、情意及技能面，最為完整的一種。資訊素養是一套綜合性能力，這套能力包括「找到資訊、理解資訊的價值及產生方式，並在學習及創造新知社群中批判反思且符合倫理地使用資訊」。先進國家普遍推動資訊素養教育，在美國從小學到大學都有資訊素養教育標準，並且全國性地全面進行。近年，UNESCO 更大力推動 Media and Information Literacy（MIL）計畫，冀使全球民眾都可以：批判地思考、明智的點擊（think critically, click wisely）。

　　這幾年，全國圖書教師輔導團由大學教授帶領優秀的國中小圖書教師，設計了國中及國小適用的資訊素養課程教材及教案，然而因為缺少資訊素養教育專書，中小學的老師對於資訊素養相關的哲學理念、教育理論、教學模式及教學實務，仍無完整的參考資料，本書希望能彌補此一缺口。

「資訊素養融入探究式學習之理論與實務」有三篇理論論述，包括陳昭珍教授的資訊素養概論、陳海泓教授的學習理論與資訊素養、賴苑玲教授的資訊素養教學模式；另有四篇由資深圖書教師寫的資訊素養教學設計實務，包括曾品方老師的國小低年級資訊素養教學實務——以「認識越南」課程為例、陳芳雅老師的「探究式資訊素養」教學的 5W1H、林心茹老師的資訊素養與探究式學習；以及童師薇老師的國中資訊素養教學實務。

　　在 AI 時代，世界只會更複雜，不會更單純；對知識的要求只會更多不會更少。學生未來除了是社會公民，更是全球的數位公民，因此必須學會使用適合目標的平台、工具、格式和媒體資訊，為了各種目的清晰的交流和創造性地表達自己，在當地和全球的團隊中有效工作，拓寬視野並豐富其學習。老師須為學生的未來而教，學生也需為未來而學，資訊素養教育是師生都不可或缺的能力。相信這本書可以成為老師重要的參考指引。

中原大學通識教育中心講座教授

國立臺灣師範大學圖書資訊學研究所名譽教授

陳昭珍 謹誌

2022 年 6 月 30 日

主編簡介

陳昭珍

中原大學通識教育中心講座教授兼張靜愚紀念圖
書館館長
國立臺灣師範大學圖書資訊學研究所名譽教授

學歷：國立臺灣大學圖書館學博士
經歷：國立臺灣師範大學教務長、圖書館館長、圖
　　　書資訊學研究所教授兼所長、臺灣閱讀學會
　　　理事長、臺灣高等教育教學專業發展學會理
　　　事長、中華民國圖書館學會理事長、國際圖
　　　書資訊學會副會長（I-LISS）
專長：資訊組織、數位典藏、閱讀研究、資訊素養
　　　教育

作者簡介

陳昭珍

（見主編簡介）

陳海泓

學歷：國立臺灣師範大學社會教育學士（圖書館組）、美國威斯康辛大學教育碩士、哲學博士
現職：國立臺南大學教育學系退休教授
經歷：臺南大學教育學系教授、臺南大學圖書館館長、臺南大學教育學系系主任、圖書博物管理高等考試及格
專長：閱讀教學、數位閱讀、資訊素養、圖書資訊學

賴苑玲

學歷：美國田納西大學圖書資訊學碩士、課程與教學博士
現職：國立中興大學圖書資訊學研究所兼任教授
經歷：臺中師專圖書館館員、臺中教育大學圖書館館長、臺中教育大學區域與社會發展學系教授、中興大學圖書資訊所兼任教授
專長：學校圖書館經營管理、數位閱讀、資訊素養、圖書資訊利用教育

曾品方

學歷：國立臺灣大學圖書資訊學研究所博士
現職：臺北市萬興國小館員、國立臺灣師範大學圖
　　　書資訊學研究所兼任助理教授
經歷：全國圖書教師輔導團北區召集人、中華民國
　　　圖書館學會中小學圖書館委員會主任委員
專長：圖書館管理、閱讀教學、資訊素養教育

陳芳雅

學歷：國立政治大學圖書資訊與檔案學研究所博
　　　士生
現職：前桃園市石門國小圖書教師、前葳格國際學
　　　校西屯校區科技教師
經歷：曾任國小圖書館閱讀推動教師，在團隊努力
　　　下獲閱讀績優學校、閱讀磐石學校、教育部
　　　閱讀推手、天下閱讀典範教師等眾多肯定，
　　　並在教育部圖書館閱讀推動教師輔導團提
　　　攜帶領下，參與執行各項閱讀與資訊素養課程
　　　設計、教學研究、教師培訓及工作坊等計畫。
專長：數學教育、引導探究、閱讀與數位閱讀、科技
　　　融入、跨領域科技教育、國小圖書館經營等

林心茹

學歷：國立臺灣師範大學圖書資訊學研究所博士生

現職：前基隆市仁愛國小教師

經歷：曾任基隆市仁愛國民小學圖書教師、參與基
　　　隆與加州聖荷西學區教師互訪計畫、教育部
　　　多元智慧、閱讀亮點與想像力計畫。獲獎：
　　　2019 年師鐸獎、2018 年親子天下教育創新
　　　100、2013 年教育部「閱讀績優閱讀推手獎」
　　　及「閱讀推動績優磐石學校」以及 2011 年
　　　天下雜誌「閱讀典範教師」。

專長：跨域探究學習課程設計、圖書資訊課程設計

童師薇

學歷：國立彰化師範大學生物學系碩士

現職：臺中市大墩國中生物科兼閱讀推動教師

經歷：先後負責臺中市四張犁國中與大墩國中閱
　　　讀推動，二所學校在三年內均獲得教育部閱
　　　讀磐石學校。曾獲教育部閱讀推手、天下雜
　　　誌教育基金會閱讀典範教師；並擔任教育部
　　　圖書館閱讀推動教師教育訓練講師、中華民
　　　國圖書館學會中小學圖書館委員會委員、國
　　　立臺灣師範大學圖書資訊研究所 MOOCs 資
　　　訊素養課程講師

專長：資訊素養、閱讀理解、科普閱讀、探究式教
　　　學、跨領域課程設計

目　次

第一章　資訊素養概論

　　資訊素養是當代人的基本素養，身處人人都可以透過社群媒體發布訊息，分享觀點的數位時代，資訊素養在今天的重要性更甚於以往。然而也有很多人將資訊素養誤認為是使用電腦軟硬體的能力。資訊素養一詞在 1974 年被提出來以後，隨著時代的快速變化，陸續有一些相關的名詞被提出，如媒體素養、數位素養、新素養、多元素養、後設素養、媒體與資訊素養等。到底資訊素養之定義為何？資訊素養和這些新名詞之關係為何？這些名詞代表不同的涵義還是類似的概念？本章首先說明資訊素養的定義及相關詞彙之內涵，隨後闡釋資訊素養相關標準及理論依據，並舉例說明如何在探究式學習中融入資訊素養教育。

壹、資訊素養之定義

一、何謂資訊素養（information literacy）

　　「資訊素養」（Information Literacy）一詞是 Paul G. Zurkowski（1974）擔任美國資訊工業學會（Information Industry Association）會長時，向國家圖書館暨資訊科學委員會（National Commission on Libraries and Information Science）提出的報告 "The Information Service Environment Relationships and Priorities" 一文中提到的新術語，及理解資訊時代之要求的新方法。在此報告中他說：「資訊不

是知識；它是進入個人感知的概念或想法，評估、吸收、加強或改變個人的現實概念和／或行動能力。就像美在欣賞者的眼中一樣，資訊也在使用者的心中。」1989 年，美國圖書館學會（American Library Association，簡稱 ALA）將資訊素養定義為「知道何時需要資訊，且能有效地尋得、評估與使用所需要資訊之能力」（ALA, 1989）。因為時代的改變，2015 年美國大學與研究圖書館學會（Association of College and Research Libraries, 簡稱 ACRL）重新定義資訊素養，認為「資訊素養是一套綜合性能力，這套能力包括找到資訊、理解資訊的價值及產生方式，批判反思、且在創造新知識及符合倫理地參與學習社群中使用資訊」（ACRL, 2015, p.3）。

二、強調視聽媒體的媒體素養（media literacy）

雖然資訊素養一詞之內涵已包括「媒體素養」，但當各種訊息充斥之際，假訊息成了新問題，現代人被要求須要具備「媒體素養」。事實上，網路媒體確實有別於傳統的紙本媒體；因此媒體素養強調人們對於視聽媒體的理解與運用，了解影像、文字與聲音媒介的產生方式，使用媒體訊息的傳遞與溝通能力，這是現代社會公民素養和公民教育的重要成分。凡具備媒體素養的國民，能同時使用印刷與電子媒體，從事資訊的解讀、評估、分析與產製（McClure, 1994）

然而「媒體素養」之概念早在 20 世紀 30 年代，即已被英國學者 F. R. Leavis 和 Denys Thompson 在《文化和環境：批判意識的培養》一書中提出。在英文文獻中最常被引用的定義，是 1992 年由亞斯本媒體素養領導力學院（Aspen Media Literacy Leadership Institute，簡稱 AML）提出的：「媒體素養是取用、分析、評估和創造各種形式媒體之能力。」此外，美國媒體素養研究中心（Center for Media Literacy，簡稱 CML）於 1992 年也對「媒體素養」提出定義：「媒體素養是指人們面對各種媒體資訊時的選擇能力、理解能力、質疑能力、評估能力、創造和生產能力以及思辨的反應能力。」（Nkana, 2010）

　　加拿大是北美洲第一個在學校課程中要求需教導學生媒體素養的國家，根據安大略省教育部的定義，媒體素養在幫助學生了解大眾媒體的性質、媒體使用的技術，以及媒體技術如何影響及形成民眾的知情和批判理解（Ministry of Education, 2006; Wilson & Duncan, 2009）。

三、強調網路媒體的新素養（new literacy）

　　「新素養」是新的研究領域，有別於傳統素養，「新素養」主要是為因應網際網路和其他資通訊科技發展的需求而產生。新媒體和多媒體的出現，例如簡訊、維基、部落格、社群網路、影片網站、音訊網站和電子郵件，透過網路，人們將文字、聲音和圖像融合在一起，這樣的數位科技擴大且改變了我們的交流能力。因此，在線上閱讀和學習，不僅需要「閱讀」能力，還需要瀏覽、查找、批判、評估、綜合和交流的能力（Miners & Pascopella, 2007）。美國國家英語教師委員會（National Council of Teachers of English，簡稱NCTE）將 21 世紀的「新素養」定義為：（NCTE, 2013）

（一）熟練且流暢地使用技術工具。

（二）建立有意義的跨文化聯繫，以便合作提出和解決問題，並強化獨立思考。

（三）設計和分享全球社區資訊，以滿足各種目的。

（四）管理、分析和綜合多個同步之資訊流。

（五）創作、評論、分析、評估多媒體文本。

（六）注意這些複雜環境所要求的道德責任。

　　由於新素養中的許多技能都與正確使用資訊科技有關，因此，定期指導和練習如何使用科技平臺是重要的。Nicholson 和 Galguera（2013）提出了必須教授的五種技能，以解決學生新素養能力的差距。這些能力包括：

（一）識別和建構問題的能力，以指導網路資訊之閱讀。

（二）確定自己所需資訊之能力。

（三）批判性評估線上資訊的能力。

（四）閱讀和綜合各種資訊來源及多媒體之能力。

（五）了解如何在團體分享資訊並與他人交流。

四、重視情境的多元素養（multiliteracy）

　　「多元素養」一詞乃指使用語言的兩個面向，第一個面向是指在不同的文化、社會或特定領域之情境下，語言意義之差異性（Cope & Kalantzis, 2020）。此意味著，若識字教學僅僅關注語言規則已經不足；相反地，現今的交流和意義表達，越來越要求學習者能夠弄清楚，在不同語境中文字意義的差異。這些差異是文化、性別、生活經驗、社會或主題領域等因素所造成，每一種意義交流，都有跨文化屬性。

　　第二個面向，源於新興資訊傳播科技與媒體性質，使得意義的產生和資訊的呈現方式越來越多元，即書面語言模式與口頭、視覺、聽覺、手勢、觸覺和空間模式的相互作用（Cope & Kalantzis, 2020）。這意味著，我們需要擴大素養教學的範圍，將多模態表徵，特別是數位媒體的表徵方式引入課堂。資訊科技改變人類的溝通方式，除

了能夠書寫閱讀外，人們需要學會使用廣泛的資訊傳播工具和網路社群媒體，以從事日常工作，這樣的多元資訊處理和溝通能力，包括批判素養、媒體素養、網路素養、視覺素養、數位素養、學習素養等。這種多元素養，又稱為跨素養（transliteracy）（國家教育研究院辭書，2012）。

五、以反思為核心的後設素養（metaliteracy）

「後設素養」是由 Thomas P. Mackey 和 Trudi E. Jacobson 提出的素養模式。後設認知（Metacognition）是對自己思維過程的認識和理解，它關注人們如何學習和處理資訊；和後設認知相關，「後設素養」指的是對自己的素養能力的反思。後設素養擴大了傳統資訊素養的範圍，包括確定、獲取、定位、理解、生產和使用資訊，並在數位環境中協作生產和分享資訊；因此人們需要不斷適應新興科技，並理解作為生產者、合作者和傳播者參與這些資訊空間所需的批判性思維和反思（Mackey & Jacobson, 2014）。

後設素養同時也是一種賦權，因為它鼓勵個人反思並負責自己的學習。Mackey 和 Jacobson 所定義的後設素養，是為了理解數位公民在全球網路文化中透過情感（affective）、行為（behavioral）、認知（cognitive）、和後設認知（metacognitive），反思自身素養之需求而發展出來的術語。這種支持後設反思，增強學習者能力的做法，適用於任何網路世界中資訊消費者和負責任的參與者。參與者需了解著作權和創用 CC（Creative Commons）原則及數位資訊之生產模式。

綜上所述，後設素養可以促進合作社群的反思和授權學習，學習者具備反思自己的能力，能夠利用多種形式的資訊，包括印刷、

音訊、數位、虛擬或擴增資源，批判性地思考資訊的流程、概念、生產和接收。作為一個後設素養學習者，需具有自我反思和批判性思維，同時成功地適應新的技術形式，以具創造性和道德性的生產和分享資訊。

六、UNESCO 的媒體與資訊素養（media and information literacy）

世界各地正目睹資通訊管道的急劇增加，少數人對資訊感到饑渴，但大多數的人卻被印刷品、廣播和數位內容所淹沒。聯合國教科文組織（United Nations Educational, Scientific and Cultural Organization，簡稱 UNESCO）在其媒體和資訊素養計畫（Media and Information Literacy Programme）中認為媒體與資訊素養是一套綜合的知識、態度和技能，希望個人能以創造性、負責任和道德的方式獲取、分析、評估、使用、製作和交流資訊，以便參與和個人、專業及社會相關之活動。聯合國教科文組織認為，每個公民都需要學習和了解做為一個媒體和資訊提供者，履行其社會職能所需的原則，並了解虛擬世界的機會、威脅，及如何管理資訊資源。因此，媒體和資訊素養是參與知識社會的關鍵要素，確保終身學習、發展公民的包容力和就業力。

UNESCO 透過課程開發、政策指南和評估框架，支援媒體與資訊素養能力的發展。其推出的全球媒體與資訊素養評估框架（Global Media and Information Literacy Assessment Framework），用於評估各國是否創造了有利於媒體與資訊素養的環境，使會員國能夠對其資訊和媒體環境進行全面評估，並在區域和國家層面檢測公民，及在職教師和師培生獲得媒體與資訊素養的程度（UNESCO，2022）。

七、資訊素養與相關素養之關係

經過上述各種和資訊素養相關名詞的介紹，以下再以 McClure 及 Secker 與 Coonan 的概念圖來說明資訊素養與新興的素養之間的關係。1994 年 McClure 認為由於資訊的種類十分多元，其使用方法及強調的能力亦有不同，因此又將資訊素養分為四種能力：1.具備讀、寫、計算能力的「傳統素養」（traditional literacy）、2.具備了解非印刷形式媒體能力的「媒體素養」（media literacy）、3.具備使用電腦軟硬體能力的「電腦素養」（computer literacy），4.具備應用和評估網路資源能力的「網路素養」（network literacy）。這四者之關係如圖 1-1 所示。

圖 1-1　資訊素養概念示意圖

資訊素養的範疇

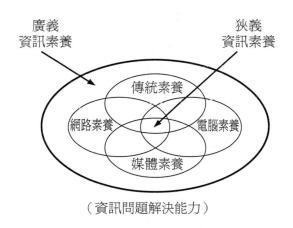

（資訊問題解決能力）

資料來源：McClure, C. (1994). Network literacy: a role for libraries? *Information Technology and Libraries, 13*(2), 115-125.

McClure 所指的傳統素養，並非專指紙本資訊，但若以人類發展讀寫能力之歷史而言，相對於媒體素養、電腦素養、網路素養，傳統素養中在 McClure 提出此示意圖的時期，紙本媒體仍佔很重要的比例。從紙本到網路，McClure 的資訊素養涵蓋面極廣，因此也是最廣被人引用的資訊素養內涵。

2013 年，英國劍橋大學 Secker 與 Coonan 透過「阿卡迪亞計畫（Arcadia Project）」開發了 10 個資訊素養新課程（A New Curriculum for Information Literacy: ANCIL）。該計畫有鑑於年輕人在使用資訊時，常採取「剪貼」法，且很少質疑所看到或聽到的資訊。因此 Secker 與 Coonan 試圖以資訊素養課程來培養學生的獨立學習、使用資訊的道德、交流和綜合知識的能力；此外也包括評估資訊，檢索資訊源等傳統的資訊素養。他們認為資訊素養是技能、行為、方法和價值觀的連續體，它與資訊的使用緊密地交織在一起，成為學習、學術和研究的基本要素。資訊素養也是敏銳的學者、見多識廣且明智的公民、和自主學習者的重要特徵。Secker 與 Coonan 表示資訊素養與高水準之知識活動有明顯的對應與協調，並以資訊素養概念圖說明資訊素養與其他詞彙間的關係（圖 1-2），雖然該圖未包括前述所有的詞彙，但也說明資訊素養相關素養的關係。

貳、資訊素養標準

資訊素養必須從小培養起，而圖書館是各級學校負責培養學生資訊素養最主要的單位。美國是一個專業導向的國家，多數的標準都由專業學會訂定，而美國的資訊素養標準也成為各國採用或參考的標準。以資訊素養教育而言，大學層級的資訊素養教育標準主要

圖 1-2　資訊素養概念圖（Secker & Coonan, 2013）

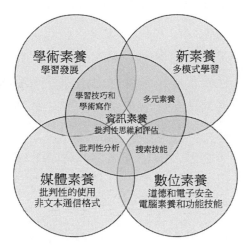

資料來源：Secker, J., & Coonan, E. (2013). *Rethinking Information Literacy: A Practical Framework for Supporting Learning* (1st ed., p. 22). London, United Kingdom: Facet Publishing.

由美國大學與研究圖書館學會（Associtation of College and Research Libraries，簡稱 ACRL）訂定；K-12 的資訊素養教育標準主要由美國學校圖書館員學會（American Association of School Librarians，簡稱 AASL）訂定。教育理論、社會演進及科技改變，都會影響資訊素養標準的修訂，以下即說明 ACRL 及 AASL 訂定之資訊素養標準。

一、美國大學與研究圖書館資訊素養標準

（一）美國大學與研究圖書館資訊素養標準之修訂沿革

　　2000 年 1 月，美國大學與研究圖書館學會（ACRL）理事會通過「高等教育資訊素養能力標準」（Information Literacy Competency

Standards for Higher Education），隨後此標準也被美國高等教育協會（American Association of Higher Education）和獨立學院理事會（Council of Independent Colleges）認可，並在全國大學校園廣被使用。各國對資訊素養能力標準都感興趣，所以此標準被全球翻譯成8 種語言。除了高等教育資訊素養能力指標外，ACRL 也發布學科資訊素養指南，如人類學和社會學、新聞學、英語文學、政治學、心理學、科學和技術、以及教師教育。

　　為符應時代發展之需，2012 年 6 月，ACRL 理事會批准「高等教育資訊素養能力標準」修訂之建議。2013 年春修訂工作開始，並制定出「高等教育資訊素養框架」（Framework for Information Literacy for Higher Education）草案。經過公開評論等過程，確認新標準之內容後，ACRL 於 2015 年宣布廢止原標準，並於 2016 年 1月 11 日正式實施「高等教育資訊素養框架」。

（二）高等教育資訊素養框架之內涵

　　「高等教育資訊素養框架」以後設素養（metaliteracy）為核心概念，後設素養是指學生做為資訊消費者和創造者，成功參與合作性領域，所需的一組全面性綜合能力，它開啟資訊素養的全新願景。後設素養要求學生從行為、情感、認知以及後設認知上，參與到資訊生態系統中。基於後設素養之核心理念，「資訊素養框架」特別強調後設認知，或稱為批判式反思（critical self-reflection），因為這對於在快速變化的生態系統中更加自主，至關重要（ACRL, 2015）。此外「資訊素養框架」也重視學科的閾值理念（threshold concepts），並認為在複雜的資訊生態環境下，學生應扮演更重要的角色，且有責任去創造新知識，了解資訊世界的輪廓及動態，及合乎學術倫理的使用資訊；老師有責任設計課程讓學生投入學科資訊與學術之核

心概念；館員有責任辨識自己如何在相關學科領域中去延伸學生的學習，建立有凝聚性的新資訊素養教育課程，且更廣泛的與學科教師合作（陳昭珍，涂芸芳，2021）。

（三）資訊素養的相關理念

促成資訊素養能力標準修訂的原因，主要是資訊素養理念取向的改變。2013 年，Addison & Meyers 發表"Perspectives on information literacy: a framework for conceptual understanding"一文，回顧過去有關資訊素養概念之文獻，並定義資訊素養三個不同的理念取向，說明這些理論的起源及其與圖書資訊科學實務的連結。此三個理念取向為：1. 資訊素養是對資訊時代技能的掌握（information literacy as the acquisition of "information age" skills）；2. 資訊素養是思維習慣之培養（information literacy as the cultivation of habits of mind）；3. 資訊素養是對資訊豐富的社會之實踐與參與（information literacy as engagement in information-rich social practices）。

2020 年，Sample 回顧 2000 年到 2015 年間，美國在大學入門或通識教育教授資訊素養之相關文獻，探討有關資訊素養的定義。該回顧採用 Addison & Meyers 的分類，將資訊素養定義分為三類：1. 將資訊素養定義為一組技能（information literacy defined as a set of skills），並認為「高等教育資訊素養能力標準」對資訊素養的定義屬於這一類；2. 將資訊素養定義為一種思考方法（information literacy defined as a way of thinking）；Kuhlthau 的資訊尋求模式（Information Search Process）六步驟、Devin 的意義建構（Sense Making），以及 PBL 學習模式都屬於此類；3. 將資訊素養定義為一種社會實踐（information literacy defined as a social practice），此取向主要認為資訊素養是人在資訊豐富，科技快速變化的社會，生活、

學習、工作的通用能力。多元素養（multiliteracy）屬於此取向，後設素養（metaliteracy）、閾值理念（threshold concepts），以及 ACRL 2015 發佈的高等教育資訊素養框架也屬於此類。

二、美國學校圖書館資訊素養標準與理念

（一）美國學校圖書館資訊素養標準之修訂沿革

　　有些學校老師認為，Google 是查找資訊最快捷的方式，因此並未鼓勵學生用其他資源進行研究。不過當教師意識到參考文獻的重要性，並了解學校圖書館為學生提供了適合學生級別與程度的學習資源後，就會鼓勵學生使用這些資源。這並不表示學生不應該使用 Google，而是需要知道如何評估從 Google 所獲得的資訊，教師也應該對學生進行有關剽竊和著作權教育，如果教師不檢查學生的資訊來源，學生就永遠不了解高品質工作的必要性，以及不良研究的後果，而這正是圖書館可以支援的地方。學校圖書館員或圖書教師可以和教師一起工作，與課程需求相連結，培養學生的資訊素養。

　　美國學校圖書館員學會（AASL）於 1998 出版《資訊力量：為學習建立夥伴關係》並於此文獻特別提出「學生學習之資訊素養教育標準」（Information Literacy Standards for Student Learning），不過這份資訊素養標準也有另外獨立出版（AASL/AECT, 1998）。資訊素養標準包括資訊素養教育、獨立學習、社會責任三大構面，9 項標準、29 個指標，以熟練程度、行動方案和學科標準示例來呈現如何應用，達到資訊素養融入各科學習的理想。2007 年，配合時代的發展，AASL 出版了《21 世紀學習者之標準》（*Standards for the 21st-century learner*），則由 4 項標準、4 種學習範疇、83 個指標為

亍架構，並搭配數個基準、行為示例、發展階段、自我提問示例共同組成，以促進學生的學習，引領學校圖書館的發展。該標準主張館員應引導學生具備探究、批判思考以及獲取知識的能力；培養學生能根據資訊以推斷結論、做出決策，在新情境中應用和和創造新知識；促進學生分享知識，並以符合道德規範、有效的方式參與民主社會；鼓勵學生追求個人及美學的成長，並能發展多元素養，包括資訊素養、數位素養、媒體素養、視覺素養、文本素養、科技素養等。為了促進多元素養，AASL 又於 2018 年出版「為學習者、學校圖書館員、學校圖書館之全國學校圖書館標準」（*National School Library Standards for Learners, School Librarians, and School Libraries*，簡稱 NSLS），此標準整合前一套標準，提出六大共享基石、4 種能力範疇來引導館員致力於更全面的專業實踐。六大共享基石分別是探究（inquire）、包容（include）、合作（collaborate）、庋用（curate）、發現（explore）、實踐（engage），這六項是學習者、館員和圖書館三者共享的基礎概念。共享基石延續前一部資訊素養教育標準的探究學習、批判思考以建構知識，理解與包容多元觀點，透過合作和庋用來發現新思維，並於實踐的歷程，以負責任的態度，合乎道德規範參與社群和分享成果，進而落實在思考（think）、創造（create）、分享（share）和成長（grow）的範疇（曾品方、陳雪華，2019）。這四種能力範疇連結探究過程階段，也與布盧姆分類學（Bloom's Taxonomy）從認知到發展之理念相對應（Gerrity, 2018）。

（二）美國學校圖書館資訊素養標準之內涵

美國學校圖書館員學會（AASL）新舊標準皆強調探究式學習（inquiry-based learning）：包括問題形成、蒐集資訊、找尋不同資

源、合乎倫理的使用資訊、評估資訊、在全球學習社群分享，這些都是舊標準就有的概念，不過在 2018 年的新標準，更強調學習場域與教育的動態性，因此學習者需具跨學科的能力；整合言之，2018 年的學習者標準有下列特色：

（一）重視合作取向的認知過程：舊標準強調的是個人的資訊查詢過程，新標準則強調整個過程的合作取向，以利學習者面對未來複雜的社會。

（二）強調設計思考（design thinking）：學習者透過設計循環（cycles of design）、執行（implementation）、反思（reflection）以解決問題。

（三）納入成長心態（growth mindset）：強調自我動機、自動學習，學校圖書館員應以明確的方式幫助學生及教育者成為主動的終身學習者。

（四）強調學習情境的多樣性：應尊重學習社會中的多樣性，要具有同理心及公平性。

（五）強調在過程中批判思考重於最後的成果：最後的產出不應只是打分數後歸檔，而應該進入學術對話，以開放心胸接納不同的意見，與其他學習者交換有意義的方法。

（六）從對資訊科技精熟，轉為希望學生個人化的使用資訊科技；此外也強調資訊責任、學術倫理、創用 CC 等。

　　資訊素養能力的發展是一連續體，需從小學到大學持續培養，因此 AASL 與 ACRL 資訊素養的理念也需一致，我們從「高等教育資訊素養框架」，以及「為學習者、學校圖書館員、學校圖書館之全國學校圖書館標準」可以看出兩個標準在理論上互相呼應，以社會建構為取向，並強調發展取向（developmental approach）、探究式學習（inquiry-based learning）、知識建立（knowledge creation）、

態度範疇（affective domain）及合作學習等概念。

　　Burke（2017）認為在理論上，美國大學與研究圖書館學會（ACRL）框架是社會建構主義（social constructivism），AASL 過去的標準是行為主義（behaviorism），但 AASL 2018 年的新標準，已經和 ACRL 對準，脫離只是指出與點擊（point-and-click）技能的實踐，轉而強調學生的投入與自我導向之學習，而能得到高層次思考能力的培養。

（三）AASL 的標準與 ISTE 標準之對應

　　美國學校圖書館學會（AASL）的學校圖書館標準除了與美國大學與研究圖書館學會（ACRL）對準外，也與國際教育技術協會（International Society for Technology in Education，簡稱 ISTE）的標準對準。ISTE 是一個非營利組織，成立於 1979 年，旨在實現美國教育工作者利用科技加速教學創新，以提升學生在資訊時代使用數位科技，促進學生的成功學習（ISTE, n.d.）。ISTE 依據領域專家的意見，為全球學生、教育者建立科技教育標準，讓學生具備一定的素養與技能並支持教師的科技教學能力，此標準廣受到全球認可與採用（Ayad & Ajrami, 2017; ISTE, 2016）。ISTE 學生標準有七項指標共 28 個標準，並認為學生應成為（ISTE, 2016）：

（一）賦權學習者：學生能夠在教師的指導下利用科技，在選擇、實現和展示學習目標方面發揮積極作用。

（二）數位公民：學生能夠認識在網路世界中生活、學習和工作的權利、責任和機會，以安全、合法和道德的方式行事，並成為榜樣。

（三）知識建構者：學生能夠使用數位工具對各種資源進行批判性篩選、整合，以構建知識、產生創造性的作品，並為自己和

他人提供有意義的學習體驗。

（四）創新設計師：學生能夠在設計過程中使用各種科技，通過創建新穎、有用或富有想像力的解決方案來識別和解決問題。

（五）計算思考者：學生能夠開發及運用理解和解決問題的策略，利用科技，開發和測試解決方案。

（六）創意溝通者：學生使用適合其目標的平台、工具、格式和數位媒體，能為各種學習或工作之目的，清晰的交流，及創造性地表達自己。

（七）全球合作者：學生能夠使用數位工具，通過與他人合作，在當地和全球性的團隊中有效工作，拓寬視野並豐富他們的學習。

　　AASL 同樣致力於推廣學生在資訊社會的科技利用，其全國學校圖書館標準學習者部份與 ISTE 學生標準有一個對照表，說明兩個標準的一致性（AASL, 2018a；Habley, 2018）。（二者之對照，詳見本章附錄全國學校圖書館標準：學習者部份與 ISTE 學生標準之對照表）

參、資訊素養融入專題探究課程

　　資訊素養教育應該從小學、國中、高中及大學持續進行，且和專業課程或專題探究學習結合在一起。專題探究是歐美國家學校慣用的學習模式。瑞典的高中職生畢業前都必須完成一篇「畢業專題研究」，這門課程背後的教學理念主要在讓學生：

（一）獨立找尋問題和解決問題：如有自然組的學生在森林裡設置鳥屋提供鳥類食物，觀察鳥類在不同季節和氣溫下的覓食活動有甚麼變化；有經濟組的學生用問卷調查法，研究酒類廣告上的警語是否真的能改變年輕人消費酒精的習慣；有護理科的學生整理市內對 CPR 急救法的教學和宣傳政策，並和幾個 CPR 教練訪談，擬定更好的教學方法和宣傳策略。

（二）讓學生親自體驗生產知識的步驟：學生在找尋題目時，必須運用所學，蒐集目前相關資訊，擬訂適當的題目和方法，答辯時要批判同學的研究方法，也要為自己的研究辯護。這樣的訓練，會讓學生在閱讀時，提出更多的問題（吳媛媛，2019）。

陳玟樺說芬蘭赫爾辛基市府鼓勵師生「以真實世界中的現象為意義之網，從提出問題或懷疑出發，統合各領域知能，注意統整學習之間銜接的意義性，不斷地進行探討，以達成對此現象較為全面且整體的學習與理解，甚至提出解決之道或建議。」學生探究的主題相當多元，如：古今文學——自維多利亞時代後的文學變遷、犬的演化、流行服飾的五十年歷史、能源形式的改變等，這樣的學習可以看到，芬蘭的中小學透過多學科學習模組或現象為本的學習取徑，培養學生的統整能力，掌握了學習的方法，深度認識與理解現象或問題的本質，進而解決真實世界的問題（陳玟樺，2020）。

專題探究所需的資訊，無法只從教科書獲得；專題探究之知識也無法只閱讀單一文本，必須從大量紙本或網路資訊中，判斷、選擇及使用資訊，而這樣的能力也就是前面所提及的資訊素養。芬蘭連數學課都沒有固定的教科書，老師在確認教學目標後，會去閱讀並選擇合適的材料加以調適，然後整理成學生可以駕馭的學習資料，更會鼓勵學生主動去找尋所需的學習資源，由於沒有固定一本教科

書，數學教學還包括「學習如何學習的能力培養」（陳玟樺，2020）。

　　《PIRLS 2016 FRAMEWORK INTRODUCTION》文件中提到，網路閱讀已成為學生獲取資訊的重要方法，網際網路也是學生學習各種學科，找尋資訊的重要管道，當學生越來越倚賴網路，學校的閱讀課程應該重視如何發展學生線上閱讀技巧與知能。以專題探究培養學生問題形成、蒐集資訊、找尋不同資源、合乎倫理的使用資訊、評估資訊、合作學習，並在全球學習社群分享知識等能力，而這也是臺灣在 108 課綱中，期待學生具備的自主學習能力。

肆、結語

　　因為資通訊科技的進步，社會快速的改變，近十年除了資訊素養外，還有「媒體素養」、「新素養」、「多元素養」、「後設素養」、「媒體與資訊素養」等名詞與概念出現，這些新名詞與資訊素養一詞概念相近。美國大學與研究圖書館學會（ACRL）在「高等教育資訊素養框架」中，採用後設素養（metaliteracy）概念，強調學生應具備資訊素養，以成功地成為一位資訊消費者及創造者。它開啟資訊素養的全新願景。後設素養要求學生從行為、情感、認知以及後設認知上，去參與資訊生態系統。此外「高等教育資訊素養框架」特別強調後設認知，即批判式反思（critical self-reflection）的能力，因為這對於學生在快速變化的生態系統中，變得更加自主，至關重要。而 AASL 的「為學習者、學校圖書館員、學校圖書館之全國學校圖書館標準」所強調的探究式學習、合作取向的認知過程、設計思考、成長心態、學習情境的多樣性、批判思考重於產生、個人化的使用資訊科技等理念，都和臺灣的 108 課綱自發、互動、共

好的精神不謀而合，資訊素養教育應該成為各級學校實踐 108 課綱最重要的教學內容，專題探究也應成為學生最重要的學習模式。

參考文獻

吳媛媛（2019）。思辨是我們的義務：那些瑞典老師教我的事。木馬文化。

李德竹（2000）。資訊素養的意義、內涵與演變。圖書與資訊學刊，35，1-25。

陳玟樺（2020）。我在芬蘭中小學做研究的日子。遠流。

陳昭珍、涂芸芳（2021）。臺灣 K-12 資訊素養研究回顧與展望。在吳美美（主編），圖書資訊學研究回顧與前瞻 2.0（頁 312-336），元華文創。

國家教育研究院辭書（2012）。多元素養。http://terms.naer.edu.tw/detail/1679197/

Addison, C. & Meyers, E. (2013). Perspectives on information literacy: a framework for conceptual understanding. *Information Research, 18*(3), 1-14.

American Association of School Librarians., & Association for Educational Communications and Technology. (1998). *Information power: Building partnerships for learning*. American Library Association.

American Association of School Librarians., & Association for Educational Communications and Technology. (1998). *Information literacy standards for student learning*. American Library

Association.

American Association of School Librarians. (2007). *Standards for the 21st-century learner*. American Library Association.

American Association of School Librarians. (2018a). *National School Library Standards crosswalk with ISTE Standards for Students and Educators*. https://standards.aasl.org/wp-content/uploads/2018/08/180828-aasl-standards-crosswalk-iste.pdf

American Association of School Librarians. (2018b). *National school library standards forlearners, school librarians, and school libraries*. American Library Association.

American Library Association. (1989). *American Library Association: Presidential Committee on Information Literacy: Final Report*. https://www.ala.org/acrl/publications/whitepapers/presidential

Association of College and Research Libraries. (2015). *Framework for information literacy for higher education*. The Association of College and Research Libraries, Chicago, Illinois. http://www.ala.org/acrl/standards/ilframework

Associtation of College and Research Libraries. (2015, May 26). Information Literacy in the Disciplines Guide. https://acrl.ala.org/IS/is-committees-2/committees-task-forces/il-in-the-disciplines/information-literacy-in-the-disciplines/

Ayad, F. I., & Ajrami, S. J. (2017). The degree of implementing ISTE standards in technical education colleges of Palestine. *Turkish Online Journal of Educational Technology TOJET*, *16*(2), 107-118.

Bawden, D. (2001). Information and digital literacies: a review of concepts. *Journal of documentation, 57*(2), 218-259.

Bruce, C. S. (1997). *The Seven faces of information literacy.* Auslib Press.

Budd, J. M., & Lloyd, A. (2014). Theoretical foundations for information literacy: A plan for action. *Proceedings of the American Society for Information Science and Technology, 51*(1), 1-5. https://doi.org/10.1002/meet.2014.14505101001

Chang, C. Y., Lai, C. L., & Hwang, G. J. (2018). Trends and research issues of mobile learning studies in nursing education: A review of publications from 1971 to 2016. *Computers & Education, 116,* 28-48.

Cope, B., & Kalantzis, M. (2020). *Multiliteracies - New Learning Online.* https://newlearningonline.com/multiliteracies

Davim, J. P., & W. L. Filho. (2015). *Challenges in Higher Education for Sustainability.* Springer.

Guo, L., Xu, F., Feng, Z., & Zhang, G. (2016). A bibliometric analysis of oyster research from 1991 to 2014. *Aquaculture International, 24*(1), 327-344.

Gerrity, C. (2018). The New national school library standards: implications for information literacy instruction in higher education. *The Journal of Academic Librarianship, 44,* 455-458. http://doi.org/10.1016/j.acalib.2018.05.005

Habley, J. (2018). *AASL Standards now crosswalked to ISTE Standards and Future Ready Framework.* https://www.ala.org/news/press-releases/2018/09/aasl-standards-now-crosswalked-iste-standards-and-future-ready-framework

Hwang, G. J., & Tsai, C. C. (2011). Research trends in mobile and ubiquitous learning: a review of publications in selected journals from 2001 to 2010. *British Journal of Educational Technology, 42*(4), E65-E70.

International Society for Technology in Education. (2016). *ISTE STANDARDS: STUDENTS.* https://www.iste.org/standards/iste-standards-for-students

International Society for Technology in Education. (n.d.). *About ISTE.* https://www.iste.org/about/about-iste

Kapitzke, C. (2003). Information literacy: a review and poststructural critique. *Australian Journal of Language and Literacy, 26*(1), 53-66.

Limberg, L., Sundin, O., & Talja, S. (2012). Three theoretical perspectives on information literacy. *Human IT, 11*(2), 93-130.

Lyall C., Meagher L., Bandola J. & Kettle A. (2015). *Interdisciplinary Provision in Higher Education: Current and Future Challenges.* https://s3.eu-west-2.amazonaws.com/assets.creode.advancehe-document-manager/documents/hea/private/interdisciplinary_provision_in_he_1568037335.pdf

Mackey, T. P., & Jacobson, T. E. (2011). Reframing Information Literacy as a Metaliteracy. *College and Research Libraries, 72*(1), 62-78.

Mackey, T. P., & Jacobson, T. E. (2014). *Metaliteracy: Reinventing information literacy to empower learners.* ALA Neal-Schuman.

McMillan, J. H., & Schumacher, S. (2006). *Research in Education: Evidence-based Inquiry* (6th ed.). Boston, MA: Allyn and Bacon.

McClure, C. (1994). Network literacy: a role for libraries? *Information Technology and Libraries, 13*(2), 115-125.

Media Literacy Now. (2020). *What is Media Literacy?* https://medialiteracynow.org/what-is-media-literacy/

Miners, Z., & Pascopella, A. (2007). The NEW Literacies. *District Administration, 43*(10), 26-34.

Ministry of Education (Ed.). (2006). *The Ontario Curriculum, Grades 1-8, Language.* Queen's Printer for Ontario.

National Council of Teachers of English. (2013). *The NCTE definition of 21st century literacies.* http://www.ncte.org/positions/statements/21stcentdefinition

Nicholson, J., & Galguera, T. (2013). Integrating new literacies in higher education: A self-study of the use of twitter in an education course. *Teacher Education Quarterly, summer,* 7-26.

Nkana, S. (2010). *Media Literacy Education: A Case Study of the New Mexico Media Literacy Project.* Andrews University.

Organisation for Economic Cooperation and Development. (1972). *Interdisciplinary: Problems of Teaching and Research in Universities.* Organization for Economic Organisation for Economic Cooperation and Development, Paris (France). Centre for Educational Research and Innovation..

Warnken, P. (2004). The Influence of Technological Changes on the Definition of Information Literacy. *The Journal of Academic Librarianship, 30*(2), 151-156.

Sample, A. (2020). Historical development of definitions of information literacy: a literature review of selected resources. *The Journal of*

Academic Librarianship, 46(2), 1-8. https://doi.org/10.1016/j.acalib.
2010.102116

Secker, J., & Coonan, E. (2013). *Rethinking Information Literacy: A
Practical Framework for Supporting Learning* (1st ed., p. 22).
Facet Publishing.

Shelow, G. (2016). *The Importance of New Literacy Skills in the 21st
Century Classroom. Digital IS*. National Writing Project. https://
thecurrent.educatorinnovator.org/the-importance-of-new-literacy-
skills-in-the-21st-century-classroom

Street, B. V. (1984). *Literacy in Theory and Practice*. Cambridge
University Press.

Wilson, C., & Duncan, B. (2009). Implementing Mandates in Media
Education: The Ontario Experience. *Comunicar, 16*(32), 127-140.

Zurkowski, P. G. (1974). *The Information Service Environment
Relationships and priorities*. https://files.eric.ed.gov/fulltext/
ED100391.pdf

附　錄

全國學校圖書館標準：學習者部份與 ISTE 學生標準部份之對照表

範疇	全國學校圖書館標準：學習者部份		ISTE 學生標準部份
	情境描述	能力	
I.探究			
A.思考	學習者通過以下方式表現出好奇心和主動性	S.I.A.1 提出有關個人興趣或課程主題相關的問題 S.I.A.2 回顧先前的背景知識作為創造新意義的情境脈絡	1. 學生 ISTE：賦權學習者 1a. 學生能清楚表達和設定個人學習目標，制定利用技術實現目標的策略，並反思學習過程本身以改善學習成果。 3. 學生 ISTE：知識建構者 3a. 學生計劃、採用有效的研究策略，為他們的智力或創造性追求找到資訊和其他資源。 3b. 學生評估資訊、媒體、資料或其他資源的準確性、觀點、可信度和相關性。 3c. 學生使用各種工具和方法從數位資源中整理資訊，以創建展示有意義的聯繫或結論的成果集合。 3d. 學生通過積極探索現實世界的議題和問題、發展思想和理論、尋求答案和解決方案來積累知識。

（續）

範疇	全國學校圖書館標準：學習者部份		ISTE 學生標準部份
	情境描述	能力	
B.創造	學習者通過以下過程學習新知識	S.I.B.1 利用證據調查問題 S.I.B.2 制定並實施一項計畫以填補知識空白 S.I.B.3 產生能闡明、說明學習的成果	4. 學生 ISTE：創新設計師 4a. 學生了解並使用經過深思熟慮的設計過程來產生想法、測試理論、創造創新的成果或解決真實的問題。
C.分享	學習者形成與他人適應、交流和交換學習成果的週期	S.I.C.1 與他人提出的內容進行互動 S.I.C.2 提供建設性反饋 S.I.C.3 根據反饋意見進行改進 S.I.C.4 與真實的聽眾分享成果	1. 學生 ISTE：賦權學習者 1c. 學生使用科技來尋求回饋，以告知和改進他們的實踐，並以各種管道展示他們的學習。
D.成長	學習者通過以下方式參與持續的探究過程	S.I.D.1 不斷求知 S.I.D.2 進行持續的探究 S.I.D.3 通過現實生活實際的聯繫來建立新的理解 S.I.D.4 運用反思來引導明智的決定	3. 學生 ISTE：知識建構者 3d. 學生通過積極探索現實世界的議題和問題、發展思想和理論、尋求答案和解決方案來積累知識。

（續）

範疇	全國學校圖書館標準：學習者部份		ISTE 學生標準部份
	情境描述	能力	
II.包容			
A.思考	在參與學習社區時，學習者可以通過以下方式提供平衡的觀點	S.II.A.1 清楚認識到各種學習者的貢獻 S.II.A.2 對資訊資源和學習成果中表達的觀點和意見採取敏銳的態度 S.II.A.3 描述他們對文化相關性和在全球學習社區中定位的理解	
B.創造	學習者可以通過以下方式調整他們對全球學習社區的認識	S.II.B.1 與反映各種觀點的學習者互動 S.II.B.2 在學習活動中評估各種觀點 S.II.B.3 在學習活動中闡明不同的觀點	1. 學生 ISTE：賦權學習者 1b.學生以支持學習過程的方式建立網路並定制他們的學習環境。 7. 學生 ISTE：全球合作者 7a.學生使用數位工具與來自不同背景和文化的學習者建立聯繫，以擴大相互理解和學習的管道吸引他們。 7d. 學生探索本地和全球議題，並使用協作技術與他人合作研究解決方案。
C.分享	學習者通過以下方式表現出對不同想法的同理心和包容性	S.II.C.1 進行知情的談話和積極的辯論 S.II.C.2 有助於對一個主題表達多種觀點的討論	4. 學生 ISTE：創新設計師 4d. 學生表現出對模糊性的容忍度、毅力和處理開放性問題的能力。

（續）

範疇	全國學校圖書館標準：學習者部份		ISTE 學生標準部份
	情境描述	能力	
D.成長	通過以下方式，學習者在全球學習社區中展示出同理心和平等的知識建設能力	S.II.D.1 尋求與眾多學習者的互動 S.II.D.2 在學習活動中表現出對其他觀點的興趣 S.II.D.3 反思自己在全球學習社區中的地位	1. 學生 ISTE：賦權學習者 1b. 學生以支持學習過程的方式建立網路並定制他們的學習環境。
III.合作			
A.思考	學習者通過以下方式確定合作機會	S.III.A.1 表現出對擴大和加深知識理解的渴望 S.III.A.2 通過參加學習小組來發展新的理解 S.III.A.3 透過團隊互動解決問題	7. 學生 ISTE：全球合作者 7a. 學生使用數位工具與來自不同背景和文化的學習者建立聯繫，以擴大相互理解和學習的管道吸引他們。 7b. 學生使用合作科技與其他人（包括同儕、專家或社區成員）合作，從多個角度審視議題。 7c. 學生為計畫團隊做出建設性貢獻，承擔各種角色和責任，為實現共同目標而有效地工作。 7d. 學生探索本地和全球議題，並使用協作技術與他人合作研究解決方案。

（續）

範疇	全國學校圖書館標準：學習者部份		ISTE 學生標準部份
	情境描述	能力	
B.創造	學習者通過以下方式參與個人、社會和知識網絡	S.III.B.1 使用各種交流工具和資源 S.III.B.2 與其他學習者建立聯繫，以建立自己的背景知識並創造新知識	1. 學生 ISTE：賦權學習者 1c. 學生使用科技來尋求回饋，以告知和改進他們的實踐，並以各種管道展示他們的學習。 6. 學生 ISTE：創意溝通者 6a. 學生選擇合適的平臺和工具來達到他們創作或交流的預期目標。 7. 學生 ISTE：全球合作者 7b. 學生使用合作科技與其他人（包括同儕、專家或社區成員）合作，從多個角度審視議題。
C.分享	學習者通過以下方式與他人有效合作解決問題	S.III.C.1 徵求並回應他人的反饋 S.III.C.2 在自己的探究過程中融入不同的觀點	1. 學生 ISTE：賦權學習者 1c. 學生使用科技來尋求回饋，以告知和改進他們的實踐，並以各種管道展示他們的學習。 7. 學生 ISTE：全球合作者 7a. 學生使用數位工具與來自不同背景和文化的學習者建立聯繫，以擴大相互理解和學習的管道吸引他們。 7b. 學生使用合作科技與其他人（包括同儕、專家或社區成員）合作，從多個角度審視議題。 7c. 學生為計畫團隊做出建設性貢獻，承擔各種角色和責任，為實現共同目標而有效地工作。

（續）

範疇	全國學校圖書館標準：學習者部份		ISTE 學生標準部份
	情境描述	能力	
			7d. 學生探索本地和全球議題，並使用協作技術與他人合作研究解決方案。
D.成長	學習者通過以下學習情境積極與他人互動	S.III.D.1 積極參與小組討論 S.III.D.2 將學習視為社會責任	1. 學生 ISTE：賦權學習者 1b. 學生以支持學習過程的方式建立網路並定制他們的學習環境。 7. 學生 ISTE：全球合作者 7c. 學生為計畫團隊做出建設性貢獻，承擔各種角色和責任，為實現共同目標而有效地工作。
IV.庋用			
A.思考	學習者通過以下方式採取資訊需求行動	S.IV.A.1 確定收集資訊的需要 S.IV.A.2 確定可能的資訊來源 S.IV.A.3 對要使用的資訊來源做出批判性的選擇	3. 學生 ISTE：知識建構者 3c. 學生使用各種工具和方法從數位資源中整理資訊，以創建展示有意義的聯繫或結論的成果集合。
B.創造	學習者通過以下方式收集適合任務的資訊	S.IV.B.1 尋找各種資料來源 S.IV.B.2 收集代表不同觀點的資訊 S.IV.B.3 系統地質疑和評估資訊的有效性和準確性	6. 學生 ISTE：創意溝通者 6a. 學生選擇合適的平臺和工具來達到他們創作或交流的預期目標。 6b. 學生創作原創作品，或者負責任地將數位資源重新利用或重新組合成新作品。

（續）

範疇	全國學校圖書館標準：學習者部份		ISTE 學生標準部份
	情境描述	能力	
		S.IV.B.4 按優先順序、主題或其他系統性的方案組織資訊	6c. 學生通過創建或使用各種數位物件，如視覺化、模型或模擬，清晰有效地交流複雜的想法。
			6d. 學生發布或展示為目標受眾定制資訊和媒介的內容。
C.分享	學習者通過以下方式在其學習社區內外交換資訊	S.IV.C.1 取用和評估協作構建的資訊站（information sites） S.IV.C.2 透過有道德的使用和複製他人作品，為協作構建的資訊站做出貢獻 S.IV.C.3 與他人一起比較和對比協作構建的資訊站中獲得的資訊	2. 學生 ISTE：數位公民 2c. 學生表現出對使用和共享知識財產權權利和義務的理解和尊重。 6. 學生 ISTE：創意溝通者 6a. 學生選擇合適的平臺和工具來達到他們創作或交流的預期目標。 6b. 學生創作原創作品，或者負責任地將數位資源重新利用或重新組合成新作品。 6c. 學生通過創建或使用各種數位物件，如視覺化、模型或模擬，清晰有效地交流複雜的想法。 6d. 學生發布或展示為目標受眾定制資訊和媒介的內容。

（續）

範疇	全國學校圖書館標準：學習者部份		ISTE 學生標準部份
	情境描述	能力	
D.成長	學習者可以通過以下方式為各種聽眾選擇和組織資訊	S.IV.D.1 對所策畫的資源質量、有用性和準確度進行持續的分析和思考 S.IV.D.2 理解從資源中獲得的內容後，能夠將其整合、描述於概念知識網絡中 S.IV.D.3 公開交流策畫過程，以供他人使用、闡釋與驗證	4. 學生 ISTE：創新設計師 4c. 學生開發、測試和改進原型，作為循環設計過程的一部分。 5. 學生 ISTE：計算思考者 5b. 學生收集或識別相關資料集，使用數位工具對其進行分析，並以各種方式表示資料，以促進解決問題和決策。
V.發現			
A.思考	學習者可以通過以下方式發展並滿足個人好奇心	S.V.A.1 以多種形式廣泛深入地閱讀，為各種目的寫作和創作 S.V.A.2 反思和質疑假設以及可能的誤解 S.V.A.3 實踐基於探究的個人成長過程	3. 學生 ISTE：知識建構者 3d. 學生通過積極探索現實世界的議題和問題、發展思想和理論、尋求答案和解決方案來積累知識。 6. 學生 ISTE：創意溝通者 6c. 學生通過創建或使用各種數位物件，如視覺化、模型或模擬，清晰有效地交流複雜的想法。
B.創造	學習者可以通過以下方式構建新知識	S.V.B.1 透過設計、實施和反思的週期解決問題 S.V.B.2 通過不斷的修改和製作堅持自我導向的追求	4. 學生 ISTE：創新設計師 4b. 學生選擇並使用數位工具規劃和管理設計過程，考慮設計約束條件和計算風險。

（續）

範疇	全國學校圖書館標準：學習者部份		ISTE 學生標準部份
	情境描述	能力	
			5. 學生 ISTE：計算思考者
			5c. 學生將問題分解為部分，提取關鍵資訊，並開發描述性模型以理解複雜系統或促進問題解決。
C.分享	學習者通過以下方式與學習社區互動	S.V.C.1 對與個人興趣或課程相關的話題表示好奇 S.V.C.2 與他人合作共建創造新的調查手段 S.V.C.3 共同確定挑戰或問題的創新解決方案	7. 學生 ISTE：全球合作者 7b. 學生使用合作科技與其他人（包括同儕、專家或社區成員）合作，從多個角度審視議題。 7c. 學生為計畫團隊做出建設性貢獻，承擔各種角色和責任，為實現共同目標而有效地工作。 7d. 學生探索本地和全球議題，並使用協作技術與他人合作研究解決方案。
D.成長	學習者通過以下方面的經驗和反思來自我發展	S.V.D.1 不斷地回應挑戰 S.V.D.2 認識到可以發展、改進和擴展的能力與技能 S.V.D.3 虛心接受積極且有建設性的反饋	1. 學生 ISTE：賦權學習者 1c. 學生使用科技來尋求回饋，以告知和改進他們的實踐，並以各種管道展示他們的學習。 7. 學生 ISTE：全球合作者 7b. 學生使用合作科技與其他人（包括同儕、專家或社區成員）合作，從多個角度審視議題。 7c. 學生為計畫團隊做出建設性貢獻，承擔各種角色和責任，為實現共同目標而有效地工作。

（續）

範疇	全國學校圖書館標準：學習者部份		ISTE 學生標準部份
	情境描述	能力	
			7d. 學生探索本地和全球議題，並使用協作技術與他人合作研究解決方案。
VI.實踐			
A.思考	學習者遵循以下道德和法律準則來收集和使用資訊	S.VI.A.1 負責地將資訊、科技和媒體應用於學習 S.VI.A.2 了解資訊、科技和媒體的道德使用 S.VI.A.3 評估資訊的準確性、有效性、社會和文化背景，以及對需求的適當性	2. 學生 ISTE：數位公民 2c. 學生表現出對使用和共享知識財產權權利和義務的理解和尊重。
B.創造	學習者通過以下方式使用有效資訊和合理的結論，在創造知識的過程中做出符合倫理的決策	S.VI.B.1 符合道德的使用與複製他人的作品 S.VI.B.2 承認作者身份並尊重他人智慧財產權 S.VI.B.3 在個人知識成果中包含讓他人能夠增加內容可信度的元素（比如參考資源）	2. 學生 ISTE：數位公民 2c. 學生表現出對使用和共享知識財產權權利和義務的理解和尊重。

（續）

範疇	全國學校圖書館標準：學習者部份		ISTE 學生標準部份
	情境描述	能力	
C.分享	學習者通過以下方式與全球社區負責任、合乎道德、合法的共享新資訊	S.VI.C.1 透過修改、重複使用和混合方針共享資訊資源 S.VI.C.2 透過適合目標受眾的管道傳播新知識	2. 學生 ISTE：數位公民 2c. 學生表現出對使用和共享知識財產權權利和義務的理解和尊重。 6. 學生 ISTE：創意溝通者 6d. 學生發布或展示為目標受眾定制資訊和媒介的內容。
D.成長	學習者通過以下方式接觸資訊以擴展個人學習	S.VI.D.1 符合個性化的使用資訊和資訊技術 S.VI.D.2 反思道德生成知識的過程 S.VI.D.3 鼓勵他人從事安全、負責、合乎道德和法律的資訊行為	2. 學生 ISTE：數位公民 2a. 學生培養和管理他們的數位身份和聲譽，並意識到他們的行為在數位世界中的永久性。 2b. 學生在使用科技時，包括線上社交或使用網路設備時，參與積極、安全、合法和道德的行為。 2d. 學生管理他們的個人資料以維護數位隱私和安全，並了解用於追蹤線上導航的資料收集科技。

第二章　學習理論與資訊素養教學

　　學習是自然的，也是影響人類發展的重要因素。隨著社會不斷變遷、教育理念革新、資訊科技發展，世界各國莫不積極培養學生的自主學習能力，以符應全球經濟知識世代的需求。而閱讀力、資訊素養和探究能力更是學生自主學習的關鍵要素。21 世紀的文盲不是那些不能讀寫的人，而是那些不能學習、不再學習和不重新學習的人（Crockett et al., 2011）。本文主要在探討學習理論與資訊素養教學，全文分成三部分論述，首先說明學習、學習理論和學習趨勢；其次說明資訊素養教學意涵、資訊素養教學的學習理論以及資訊素養教學實證研究結果；最後是結語；期能協助圖書教師和教師設計有理論依據的資訊素養教學。

壹、學習、學習理論和學習趨勢

一、學習的定義

　　有些學習是無意識的、不自覺的,但大部分的學習是有意識的、自覺的。張春興和林清山（1982）界定學習是個體經由練習或經驗,使其行為產生較為持久改變的歷程。學習的歷程可歸納為：學習是刺激反應聯結的歷程,以及學習是認知理解的歷程。Gagné（1985）就人類經由練習或經驗產生的學習,有八種方式,彼此之間具有層次之分與先後之別。低層的學習雖是簡單,卻是高層次複雜學習的

基礎。這八種學習由簡單到複雜分別是：訊號學習、刺激反應學習、
連鎖作用、語文聯結、多重辨別、概念學習、原則學習和解決問題。
Driscoll（2000）彙整與「知識」有關的學習定義，指出學習的複雜
性，主要的重點包含：

（一）知識的來源：我們是否透過經驗獲得知識？它是先天的嗎？
　　　還是我們透過思考和推理來獲得它？

（二）知識的內容：知識是可知的嗎？是否可以透過人類經驗直接
　　　了解？

（三）與學習有關的三種知識論，分別是：

　　　1. 客觀主義：類似於行為主義，指出現實是外部的和客觀的，
　　　　 知識是透過經驗獲得的。

　　　2. 實用主義：類似於認知主義，指出現實是可以解釋的，而
　　　　 知識是透過經驗和思考進行協商的。

　　　3. 詮釋主義：類似於建構主義，指出現實是內部的，知識是
　　　　 建構的。

　　　這些與知識相關的學習都認為，知識是一種目標（或狀態），
可以透過推理、學習或經驗而達到。由此可見學習是個人表現或個
人認知潛能的持續變化，而這必須是學習者和環境互動，所引起的
行為或認知改變的結果或歷程。換言之，學習是行為改變的結果，
是知識獲得的結果，也是行為改變或知識獲得的歷程。

二、學習理論

　　　學習理論即為探討學習歷程及行為改變歷程的研究模式。學習
理論可用三種研究取向來說明其學習的基本假設和應用，意即：行
為論、認知論、及交互取向理論（教育大辭書，2000；Grassian &

Kaplowitz, 2009; Mayer, 2011）。分別說明如下：

（一）行為論

　　行為派學習理論包括 Watson 的聯結論、Thorndike 的三大學習定律說、Guthrie 的接近論以及 Skinner 和 Hall 的增強論。行為論是以刺激與反應的聯結說明行為的改變。Gredler（2005）指出行為論對學習作了三個假設：1.可觀察到的行為比了解內部活動更重要。2.行為應集中在簡單的元素上，如特定的刺激和反應。3.學習是行為改變。這說明學習即為行為改變的結果，學習是受外在刺激和情境所影響；學習的歷程是被動的由刺激所引發的反應，再經由增強作用強化刺激與反應的聯結。Pavlov 的古典制約學習（classical conditioning）和 Thorndike 的工具制約學習（instrumental conditioning）都主張學習是刺激與反應之間的聯結。此刺激與反應的聯結關係的建立，是漸進的塑造，具有增強、消弱、類化、辨別、及高層次制約等現象。

　　行為主義只研究行為或表現，從刺激的角度看待環境因素，從反應的角度看待行為。人體內在學習有很大程度是不可知，無法觀測；行為決定於環境刺激，所有行為大都是後天經驗學習的結果。人們透過反覆試驗的過程與環境互動，在嘗試和錯誤交換期間得到積極支持的行動或行為都將在以後重複發生，也就是說，已經學會了這種行為。因此，只需研究在何種刺激下，個體有何種行為即可。主動學習、即時回饋、編序教學、任務分析的原理使學習者能夠按照自己的步調前進，當然，獎勵和增強期望的行為已普遍應用到教學中。

（二）認知論

　　認知論的學習理論，可以分為早期的完形心理學 Tolman 的訊號學習或領悟論、Lewin 的場地論，以及方位學習論為代表。近代認知學習理論以 Piaget 的認知學習理論、Newell 和 Simon 的訊息處理論、Vygotsky 的社會認知發展以及 Weiner 的歸因理論為代表。認知論反對行為主義只研究個體的行為，主張人是有意識、有思考的，因此認知論的學習理論是以知覺系統的組織變化及思考改變說明學習的歷程。認知論認為學習是認知（知識）改變的內在歷程。個體行為或知識的改變是由於個體主動與環境互動而產生的。個體的學習是主動的覺知到外界環境所代表的意義。因此，認知學習理論在教學上應以掌握主動求知、啟發思考為重要原則。

　　認知學家使用的研究側重於認知過程，並提供了實證證據，允許對發生反應的內部心理活動進行探索與推論。認知主義的理論擴展解釋人類如何建立知識結構，包括各種理論，例如資訊處理（information processing），建構主義（constructivism）和情境觀點（contextual perspectives）（Jordan et al., 2008; Ormond, 2004）。以資訊處理模式為例，此模式藉由模擬電腦訊息運作，分析人類認知運作的結構與歷程，著重探討個體如何接收與處理外在環境的訊息。因此，學習被視為一種輸入過程，在短期記憶中進行編碼管理，並貯存為長期記憶。在認知理論中，知識被視為學習者心智中的象徵性心理建構，而學習過程就是將這些象徵表徵形式用於記憶的手段。然而，資訊處理理論聚焦在個人資訊的處理，甚少觸及學習環境中人際間互動或是社會文化層面。加上人類發展和思維的複雜性以及先備知識的影響，出現了其他認知理論。例如，建構主義從透過吸收資訊的概念轉變為將接收到的資訊單獨地或與他人一起建構

意義來發展。過去的經驗、信念和先備知識會影響建構主義理論的學習（Pritchard & Woollard, 2010）。更現代的認知理論強調學習發生時的環境。情境學習和認知（situated learning and cognition）以及分佈式學習和認知（distributed learning and cognition）是用以描述情境和物理／社會情境的術語，可以在其中學習和應用知識（Ormond, 2004）。不論各種理論之間的差異如何，所有認知主義觀點都可以共同作用，以便教育工作者能更佳理解學生的學習方式以及如何更有效地教導他們。

（三）交互取向理論

　　交互取向學習理論融合行為與認知的觀點，同時兼具行為與認知的特色，以 Bandura 的社會學習論及 Gagné 的學習階層論為代表。交互取向的學習理論基本假定是：學習並非單一事件或因素所決定。例如社會學習論認為學習是由環境、個人或行為三方面因素交互作用所形成的。當個體觀察到別人的行為受到獎勵時，就會模仿學習這些行為，此過程即是行為主義增強原理的應用。但是觀察學習係受到當事者的知覺、內在想法、認同和判斷，意即受到認知歷程的引導，而不是盲目的學習。Gagné 的學習階層理論則融合行為與認知的觀點。他以訊息處理模式說明人類的內在學習歷程，反映出認知學派的觀點；他同時又主張透過外在學習條件的安排，以促進學習，顯現行為主義的觀點。換言之，學習有各種方式和層次，是靠個人內在及外在條件與環境互動下的產物，並非是單一歷程。是故，交互取向學習理論重視個人學習內外在因素及社會環境的影響。

　　此外，1960 年代興起的人本論，其學習理論認為學習歷程是受個人潛能、自我需求、自由意志所決定，而非完全受外界環境刺激或引發。因此，人本論重視學習是自我潛能的發揮與自我決定的歷程。

人本論的學習理論應用在教育情境中，重視以學生為主的學習，強調自我實現及自由抉擇的權利，而且強調以學校及開放學校等教學為主（教育大辭書，2000）。

　　教師了解學習理論的重要意涵與取向，可以設計出促進學生有效學習的教案。既然學習是人類重要的能力之一，且大半的基礎知識是在學校的課程與教學習得，教師必須透過「教學」來激發學生的「學習」。與「教學」有關的三種學習的觀點，Mayer（2011）敘述如下：

（一）學習是「反應的習得」

　　行為學派的學習理論均主張學習是「反應的習得」。不論是反覆練習或透過增強，若能使學生習得新的反應，就是學習。教師教學的目的是增加學生正確反應的數量和強度，並以行為改變的總量作為學習結果的評量。

（二）學習是「知識的習得」

　　1950 年代和 1960 年代的認知學派學習理論主張學習是「知識的習得」。強調個體對環境中事物的認識與了解，視為學習的必要條件，重點在於「知識」的習得。在此觀點下，學生變為訊息的處理者，教師則是資訊的分配者。教師的主要目的是安排教學情境，以增加學生腦中知識庫存的知識總量，並以成就測驗來評估學生習得知識的總量。

（三）學習是「知識的建構」

　　認知論在 1970 年代和 1980 年代之間變得更為成熟，學習被認為是「知識的建構」。採此觀點的研究者認為學生是知識的建構者，在學習期間可以使用後設認知技能（metacognitive skills）來控制認

知歷程的主動學習者。因此,學習是指學習者主動選擇有關的訊息,並利用既有的知識來詮釋此一訊息的歷程。學生是主動的學習者,在學習情境建構意義的歷程中,教師成為學生的共同參與者,教師關注的重點是在學生的認知上面。教學的重點在於養成學生適用於特定學科領域的學習策略及思考策略。學習評量重視「質」的評量,用以評估學生「如何」建構知識和處理知識,不再偏重評估學生學習量的多少。

　　學習原理和學習過程的學習需求和理論反映潛在的社會環境。Siemens(2018)指出行為主義、認知主義和建構主義是在教學環境中最常使用的三種廣泛的學習理論,這些學習理論都試圖解釋個人學習的方式。認知或行為的改變歷程,並非如行為論所言的外塑行為,也非如認知論所謂思考結構的改變,而是由於個人自我決定的歷程。即使是重視個人學習內、外在因素及社會環境影響的交互取向學習理論,也視教師是否以更為動態和歷程導向的方式來看待學生特性,而不應視學生特性為靜態的特質。教師不能只從考試的得分來判斷學生學習的結果;更要觀察學生的初始狀態,並和目前的實作表現相互比較,以了解學生學習的進展情形。由此可知,學習是複雜的歷程,單一的學習理論無法解釋人類學習的全貌。與教學有關的重要學習理論的主要論點,張新仁(2003,p.19)整理如表2-1所示:

表2-1　重要學習理論的主要論點

學習理論	理論取向	主要論點
1. 制約學習理論包括古典制約和操作制約	行為學派	刺激與反應之間的聯結、重視增強對行為改變的影響

表2-1　重要學習理論的主要論點（續）

學習理論	理論取向	主要論點
2. Piaget 的認知發展理論	認知發展	敘述嬰兒到成年的認知發展特色
3. Vygotsky 的社會認知發展理論	認知發展	社會文化環境對於個人認知發展的重要影響、近側發展區
4. Bruner 的發現式學習理論	認知發展	認知發展階段、知識結構、發現式學習
5. Ausubel 的有意義學習理論	認知發展	有意義的學習、接受式學習、前導架構
6. 後 Piaget 認知發展理論	認知發展	認知發展受限於內在影響因素（先天結構和領域知識）和外在影響因素（社會和文化）
7. 訊息處理理論	認知發展	人類為訊息傳遞和處理的系統
8. 建構主義理論	認知發展	個體在適應環境的過程中主動建構知識
9. 情境認知理論	認知發展	學習要在真實的情境中進行
10. Bandura 的社會學習理論	交互取向理論 兼容行為與認知	觀察學習
11. Gagné 的學習階層論	交互取向理論 兼容行為與認知	訊息處理模式、學習條件、學習階層
12. 合作學習理論	交互取向理論 認知與情意學習	學生組成學習小組以精熟學習教材或自行建構知識
13. 動態評量理論	交互取向理論 認知發展與學習	個體的認知發展是在與他人互動和提供協助的情境中不斷改變和建構

表2-1 重要學習理論的主要論點（續）

學習理論	理論取向	主要論點
14. 多元智能理論	認知發展與學習	每個人具有至少八種智能，強弱程度不一，但皆可教導和提升

註：修改自張新仁（2003）。〈緒論〉。載於張新仁（主編），《學習與教學新趨勢》（p.19）。心理出版社。

　　表 2-1 雖列出 14 家重要學習理論，仍未能涵蓋目前所有的學習理論。每一個學習理論探討和詮釋的觀點不同，適用的情境也各有異，但仍能列在三大研究取向中。Lave（1991）指出在研究學習理論時，觀點（viewpoints）通常強調個人的認知過程，或取決於個人與社會環境互動的過程。新近發展的學習理論具有多元發展的趨勢，如建構主義理論（constructivism theory）、後 Piaget 認知發展理論（post-Piaget cognitive development）、情境認知理論（situated cognitive theory）、合作學習理論（cooperative theory）、動態評量理論（dynamic assessment theory）、多元智能理論（multiple intelligence theory）。這些理論都圍繞認知發展，雖然論點各異，但彼此之間具有相容統整的特色（張新仁，2003）。每一個學習理論對了解學習和教學都有重要的貢獻。了解國內外學習的趨勢，有助於學校和教師規劃和設計出更符合時代需求和學生需求的課程和教學。

三、學習趨勢

　　教學與學習方法的轉變影響學生的學習方式極大。傳統學習方

法，係以教師所教之教科書內容為主，著重在背誦、記憶的考試評量。近年來，轉換到教師引導學生學習如何學習、主動學習、探究學習與解決問題，讓學生學會應具備的重要知識、技能和素養，以適應全球快速變動的社會。欲達此目的，閱讀素養、資訊素養和主動探究能力與態度成為學生能否獨立閱讀、主動學習的關鍵所在。而閱讀、閱讀素養、資訊素養的定義與內涵亦隨著時間的進展有所增加或改變，以反映出社會、經濟、文化和科技的變化。例如，閱讀和資訊素養檢索的文本從手寫、印刷、影像、視聽到目前的網路數位資源。而數位閱讀比起紙本閱讀更複雜、需要更高層次的思考技巧和策略（Coiro, 2011; Dwyer, 2016; Coiro & Dobler, 2007），更側重探究和學習能力（Kuiper & Volman, 2008）。閱讀和資訊素養不再只是學得基本技能，而是能透過與同儕和廣泛社群的互動，在各種環境中建構知識、技能和策略。以學生為中心的學習有可能縮小成績差距，並提供公平獲得高品質教育的機會，核心能力或素養導向的教育是實現這一目標的基礎（Bristow & Patrick, 2014）。Siemens（2018）指出學習的一些重要趨勢，如下所述：

（一）許多學習者在他們的一生中，將進入各種不同的、或可能無關的領域。

（二）非正式學習是我們學習經驗的重要面向。正規教育已不再是人們學習的終點。當今的學習可以透過多種方式進行，如，透過實踐社群、個人網絡以及與工作相關的任務完成。

（三）學習是一個持續的過程，終其一生。與學習和工作相關的活動不再分開，在許多情況下它們是相同的。

（四）科技正在改變（重寫）我們的大腦。我們使用的工具定義並形塑我們的思維。

（五）機構和個人都是學習的有機體。對知識的管理日益關注，凸

顯理論的需求，並試圖解釋個人學習與機構學習之間的聯繫。

（六）以前由學習理論處理的許多過程，特別是在認知資訊處理，現在可以轉移到科技或由科技支持。

（七）資料所在之知（knowing-where）補充過程技能如何之知（knowing-how）和事實之知（knowing-what）。

　　有鑑於此，培育下一代終身學習的能力，以面對現在和未來的生活挑戰成為各國教育改革的藍圖，期望透過教育來達成人才的培育。例如，聯合國教科文組織（United Nations Educational, Scientific and Cultural Organization, UNESCO）的國際教育委員會（International Commission on Education），來自世界各地、不同文化和專業背景的 14 位教育人士，對 21 世紀的教育和學習進行反思。委員會主席 Delors 提出一個全面的、統整的教育願景，奠基在終身學習的典範和培養學生四大學習支柱：學會認知（learning to know）、學會做事（learning to do）、學會與人相處（learning to live together, learning to live with others）、以及學會發展（learning to be）（Delors, 1996）。2003 年再增加學會改變自己與社會的能力（learning to transform one self and society），以促進個人、組織與社會順應與引導變遷的能力（UNESCO, 2003）。

　　經濟合作發展組織（Organisation for Economic Co-operation and Development, OECD）規劃的「OECD 2030 學習架構（Learning Framework）」即建構在 OECD 全球素養的基礎上。全球素養包括知識（knowledge）、技能（skills）、態度與價值觀（attitudes and values）。2030 強調教育需具備學生三類變革能力（transformative competencies）：創造新價值（creating new value）、調解緊張與困境（reconciling tensions and dilemmas）、承擔責任（taking responsibility），以共同滿足年輕人對創新、負責和不斷成長的需

求（OECD, 2018）。OECD 將核心素養視為通則素養（generic competence），這是非特定學科、跨學科的素養，包括問題解決、溝通、批判思考、創造力、團隊合作、公民行動等，這樣的素養觀點，通常傾向鼓勵跨科統整教學。

美國《21 世紀學習者之標準》（*Standards for the 21st-Century Learner*）確定了 21 世紀學習者所需的四類學習：技能、行動傾向、責任感和自我評估策略（AASL, 2009a）。《21 世紀學習架構》（*The Framework for 21st Century Learning, The Framework*）（Partnership for 21st Century Learning, 2015）初始是檢驗教師如何為學生做好準備以適應 21 世紀的全球、科技和素養要求（Drew, 2012; Kingsley & Grabner-Hagen, 2015）。該架構包括跨學科素養、資訊、媒體和科技技能；學習和創新技能，包括協作、溝通、創造力和批判思考；以及生活和職業技能，包括領導能力、自我激勵、彈性、適應性和全球意識（Crockett et al., 2011; Dede, 2009; Wagner, 2012）。21 世紀的核心素養能力，如協作、數位素養、多元模式溝通、批判思考和問題解決能力，共同為學習者提供知識導向的學習以及能同步真實應用於生活中的知能（Wagner & Dintersmith, 2015）。

2017 年美國學校圖書館員學會（American Association of School Librarians, AASL）宣布新標準，包括探究（Inquire）、包容（Include）、協作（Collaborate）、創意（Curate）、探索（Explore）和參與（Engage）的學習者架構。這個新架構是以學習者為中心，並專注於培養批判思考。

Bristow 和 Patrick（2014）統整美國、芬蘭、加拿大、紐西蘭、瑞典、英國、新加坡和中國等國，提出以學生為中心的動態整合模式，強調學習的四大原則：學習是個人化的、學習是素養導向的、學習發生在任何時間與地點、學生在學習中擁有自主權。

臺灣在十二年國民基本教育課程綱要總綱裡，以「成就每一位孩子——適性揚才、終身學習」為願景，強調自發、互動與共好的課程理念，藉以培養學生的「自主行動」、「溝通互動」與「社會參與」之核心素養。對於學生學習，有基本之預設，例如：學習者是一個主動建構知識的主體；知識的脈絡化、情境化有助於學習；實作、體驗與統整，能深化學習等。是故，以「學習者為中心」，並以三面九項的核心素養做為課程發展主軸的 108 新課綱，讓各教育階段間連貫，以及各領域／科目間統整，期以培養學生為適應現在生活及面對未來挑戰，所應具備的知識、能力與態度（教育部，2014）。

　　總而言之，學習以及全球教育變革的趨勢，顯示出學校宜培養以學生為中心的學習方式，且愈來愈注重具備學生自主發展、解決問題與責任承擔能力的養成。教師實有必要設計合乎時宜的教學方案，引導學生透過在校課程學習。當學生學會「如何閱讀」、「如何學習」、「批判思考」與「問題解決」等具備自主學習的根基，始能做好準備，適應多元複雜且瞬息萬變的社會。

貳、資訊素養教學意涵及其學習理論依據與實證研究　結果

　　隨著資訊科技快速發展、網路無遠弗屆、真假新聞與訊息充斥、學生自主學習與解決問題的能力需求，資訊素養教學備受肯定。儘管歐美先進國家的學校圖書館員（school librarian）或稱學校媒體專家（school media specialist）或稱圖書館媒體專家（library media specialist）、或稱圖書教師（teacher librarian）提供這種或相關類

型的教學已有近百年的歷史，且有相當好的成效。但隨著圖書館和學術機構以外之網際網路資訊的氾濫，對資訊素養教學的需求也相對增加（Head & Eisenberg, 2010）。更值得關注的是，隨著圖書館受到資訊科技、社會與文化變遷的影響，過去單一、主導的資訊素養理論，轉移到資訊素養教學的社會和文化建構層面（Bruce, 2003）。

一、資訊素養教學意涵

歐美先進國家的資訊素養的教學從圖書館介紹（Library orientation）、圖書館教學（Library instruction）、書目教學（Bibliographic instruction）、圖書館利用教育（Library use education）、資訊素養教學（Information literacy instruction）到探究式資訊素養融入教學（Inquiry-based integrated information literacy instruction）。可看出其歷史脈絡，是從單獨課程的教學或指導到融入學科領域的教學，強調利用課程的整合、透過主題探究學習來培養學生所需具備的資訊知能。教師透過專題／議題／主題探究引導學生去組織有意義的學習，激發學生解決生活中真實問題的能力（Erstad & Voogt, 2018）。教師連結各領域的知識進行課程統整，是最好的方法之一（Beane, 2005; Loepp, 1999）。強調探究式教學的重要性更是《21 世紀學習者之標準》共同的信念之一（AASL, 2007）。任何資訊處理／研究／探究模式都可以作為學習過程的架構，因為這些模式都具有基本相同的階段，如學習標準和指標所概述的那樣。

美國圖書館學會（AASL）將資訊素養簡單定義為「解決資訊問題的技能」（ALA, 1996, p.1）。是故，有能力解決資訊問題形成了

資訊素養的核心。以學生為中心、資源導向的學習（Resource-based learning）、過程導向的學習（Process-based learning）、和探究導向的學習（Inquiry-based learning）成為資訊素養教學的理念，資訊素養不再單獨教學，而是融入領域教學中，透過領域教師和圖書教師的協作教學共同設計教案，讓學生在領域內容知識的學習中，內化和轉化資訊素養的概念和技能，藉此養成獨立思考、終身學習的能力和態度（Harada & Yoshina, 2010; Wallace & Husid, 2011）。學生透過各種實作的機會來學習資訊尋求過程和問題解決的策略，成為一位自我導向的獨立學習者、自主學習者與終身學習者（陳海泓，2016；陳海泓、陳昭珍，2018）。

　　資訊素養的教學有賴專業的圖書教師始能讓學生有能力成為批判思考者、熱衷的讀者、熟練的研究人員和有道德的資訊使用者（AASL, 2009b）。專業學校圖書館員的角色，是學生的教學者和其他教師的合作者，以增進學生的學習；這種學生的學習奠定資訊素養的基礎（AASL, 2016）。學校圖書館員的角色包括：領導者（leader）、教學夥伴（instructional partner）、資訊專家（information specialist）、教師（teacher）和圖書館經營者（a program administrator）（AASL, 2009b; AASL, 2018）。

　　我國教育部於 2009 年和 2012 年分別增設國小和國中圖書館閱讀推動教師（簡稱圖書教師），用意即在推廣學校閱讀活動，每週減授 10 節課後的教學，以閱讀教學、圖書館利用教育及資訊素養教學為主。期能落實閱讀教學和資訊素養融入各領域教學，透過教導學生蒐尋與取得資料的知能，以及學會閱讀各類型文本的理解策略與閱讀方式，藉以增進學生的閱讀素養與資訊素養能力，養成學生獨立閱讀與探究學習的習慣。

　　了解資訊素養教學實踐背後的理論，教師可以融入適切的教育

心理學原則，發展新型、有效的教學取向，改進現行的教材。奠基在心理學習理論的基礎上，教師創建學習環境，讓每位學生都能從中獲得最佳的學習。優質的資訊素養教師必須具備各類的知能，首先是熟悉所呈現的內容，徹底了解正在教什麼。其次，必須是決定如何呈現內容，同時思考如何組織內容以及呈現這份資訊使用的型式。最後，則是了解學生並知覺學生學習這些資訊時可能會有的個別差異（Grassian & Kaplowitz, 2009）。

　　資訊素養的教學不會只在正式的課堂上，圖書館更能顯現其教學與學習的成效。圖書教師不僅了解如何幫助學生取得和評估資訊，而且了解資訊本身是有意義學習的基礎，致使圖書教師在學校中成為獨特且不可少的成員，以幫助學生理解如何明智而善用資訊來建構自己的學習世界（Neuman, 2011）。因此，圖書教師幫助教師開發較高層次學習的課程目標非常重要，學生可以在其中找出、分析、評估和綜合資訊，甚至創新知識。

　　資訊素養教學是以學生為中心的學習，關注學生的知識、技能、態度和信念，以及學生帶入課堂的信念、理解和文化實踐來建構自己的意義（Committee on the Developments in the Science of Learning, 2000）。學生從自主的角度積極參與學習過程，並透過各種動手實踐，來促進成功的學習。以學生為中心的課堂鼓勵學生獨特、但有區別的學習風格，因為這些區別的風格為學生提供了多種工具，又為學生創造了更好的學習環境（Armstrong, 2015）。這些學習技能使學生能夠成功實現終身學習目標，進一步增強他們在課堂和個人生活中的動力。讓學生與現實世界進行真實互動的方法有助於他們的發展需求（Armstrong, 2006）。這是以有意義的方式，如方案導向的學習、統整主題的教學、跨學科領域的研究、多元智能課程、和情境的教室來滿足學生的發展需求。因此，21 世紀的教學法強調

學習者有機會獲得真實的、有目的的、有創意的、創新的、探究導向的協作經驗，從而增強了學習者跨多元模式的解決問題、溝通、評鑑和綜合資訊的能力（Karchmer-Klein & Shinas, 2012; Kivunja, 2014）。

二、資訊素養教學的學習理論依據

Empowering learners: Guidelines for school library programs 明確指出：「鼓勵學習者成為獨立的終身使用者以及思想和資訊的生產者」，是建立在建構主義的學習理論之上（AASL, 2009b, p.19）。此外，要求學生透過圖書館參與的任務探究、批判思考、將知識應用於新情境、建構新知識以及分享該知識（AASL, 2009b），在在說明資訊素養教學的建構主義理論。實質上，資訊素養的教學奠基在 John Dewey、Jean Piaget 和 Lev Vygotsky 的認知發展理論和建構主義理論上，致力在以學生為中心的學習理論的轉變（Armstrong, 2015; Montiel-Overall, 2005）。探究學習的教育目標與原則，大多依據 Dewey 以「學習者為中心」、「教育是經驗成長及重組的歷程」的教育理念發展而成，強調學生自行決定學習的內容、自行提問而不是背誦答案。教師要讓學生懂得學習、探究、提問、了解如何蒐集資訊、組織資訊、與同儕溝通、並重視自我省思和調整學習活動，透過實作來獲得知識，這些都是書本和網路知識不會自動告訴學生的。探究學習能增加學生學習的責任感和管理自己的學習（Callison, 2006）。學生自主學習可由探究課程內容的問題開始，教師要相信學生有能力自主學習，賦予學生學習目標，並讓他們選擇欲探究的主題，以引起他們的興趣和啟發思考。

　　Dewey 的核心概念就是從做中學，正如 Dewey（1938）所說，

「經驗永遠是個人與其環境之間的交易（transaction）」（p.43）。環境是「……與個人需求、慾望、目的和能力互動的任何情境，以創造所擁有的體驗」（1938, p.2）。交易的作用是獲取意義（Pardo, 2004）。個人經驗是教育重心，不是主要內容；主要內容的影響程度在於幫助經驗的發展和幫助學生在未來經驗裡發覺更深層意義。

　　Piaget 是建構主義認知論的最早且最具影響力的支持者之一。他的認知理論是對知識本質的一種建構，學習是透過將新資訊整合到相關的先備知識中而實現的知識（Piaget, 1963），學生需要積極參與其知識的建構。這意味著要學會為新資訊建構意義並反思新思想。激活和應用相關的先備知識在確定學生的理解以及建構意義的能力扮演著重要的角色（Beck et al., 1996; Langer, 1991; Oakhill, 1984）。但是，知識同時是個人和社會建構的。因此，學習是透過個人的反思以及與同儕和老師的互動來進行的（Gordon, 2009）。

　　Piaget 理論對教育的理論和實踐產生了重大影響。Slavin（2005）總結 Piaget 的主要教學含義：1.關注學生的思考過程，而不只是結果；了解學生解答的過程，並規劃以學生當前的認知程度為基礎的活動，以便學生獲得成功；2.認識到學生的自我啟發、積極參與學習活動的關鍵角色。鼓勵學生展開豐富多彩的活動，並與環境互動來獨自發現新事物的老師，正在為學生的學習成功做好準備；3.不再強調學生的思想要像成年人一樣的做法；4.接受個體差異的發展進度。針對個人和小組經驗安排的課堂活動，並針對每位學生自己以前的發展歷程進行基礎評估來代替規範標準的教師，可以為不同學習速度的學生提供調整，並提供學生最佳的學習環境。

　　建構主義是一種學習哲學，其基礎是新知識是建立在現有的知識上。建構主義者認為，理解來自積極參與意義的形成。學習被視為複雜且非線性的「主動學習者重組的建構」（constructions of active learner reorganization）（Fosnot, 2005, p.10），「著眼於對社會世界的重建理解的產生」（Denzin & Lincoln, 2005, p.184）。知識是透過積極參與意義創造而獲得的，意義不是外在的，而是內在的。學生是知識的自然建構者，當其將新資訊與舊知識結合時就會發生學習。學生建構自己的實體，這種實體是獨特的且不同於他人的實體。因此，作為一種教學工具，重點在強調知識的過程，而不是知識的結果（Jones & Brader-Araje, 2002）。支持建構主義學習理論的人強調積極學習、社會互動和反思的必要性（Fosnot, 2005; Jones & Brader-Araje, 2002）。

　　社會建構主義者認為知識是社會和文化的建構，並且「透過對話、討論社群內的磋商過程衍生」（Prawat & Floden, 1994）。Vygotsky指出「學習是一種社會事件，是學習者與周圍環境中的其他人發生互動並與同伴合作時才能發揮作用……」（Vygotsky, 1978, p.90）。強調社會互動對認知內化的作用，在 Vygotsky 著名的發展遺傳定律（genetic law of development）中，指出社會互動在人類認知發展中的重要地位，在這種認知中，人類的智力出現了兩次：「首先是在社會層面，然後是個人層面；首先，在人與人之間（心理之間），然後在學習者內部（心理內部）」（Vygotsky, 1978, p.57）。從這個角度來看，學習和發展發生在兩個層面上：首先在社會層面上（與他人互動），然後在心理層面上（在學習者之內部）」。這描述了人類認知發展的過程，但這過程並不只限於社會互動中（John-Steiner & Mahn, 1996）。Vygotsky（1978）提供了一種理論架構，將協作視為一種社會過程，根據成員之間的討論來建構意義。其理論認為人可以透過與他人的社交活動來學習，知識建設是一種社會、合作的事業（Moran & John-Steiner, 2003），透過社會互動和共同努力，我們始能發展成為當今的現代社會。

Vygotsky（1978）認為大多數發展過程與學習過程並不吻合。事實上，發展過程落後於學習過程，此乃其學習理論的另一特點，「學習先於發展」。因此，認為只要有適當的機會，就具有學習的機會，學生是透過不斷的、新的教育社會互動和分享共同興趣的情境，例如與他人的社會互動來建構自己的學習方式。因而提出「近側發展區」（zone of proximal development, ZPD）用以解釋學習和發展關係的概念。欲了解個體學習能力的發展過程，必須考慮兩方面的能力，即實際發展水準（the actual development level）和潛在發展水準（the potential development level）。ZPD 是指實際發展水準和潛在發展水準之間的差距。實際發展水準透過別人支持的鷹架作用（scaffolding）的效果提升到潛在發展水準。社會互動對認知內化的歷程是逐漸形成的，先由成人或知識較多的同儕引導兒童的活動，漸漸地成人與兒童分擔問題解決的責任，轉化到自行解決問題，達到認知的結果。ZPD 由目前能獨自完成的水準，達到潛在發展水準，這段差距可視為個人學習潛能的指標。它並非固定不變的，而是處於發展的狀態中，只要透過外在的互動和引導，便可協助其成熟與發展，如圖 2-1 所示。

圖 2-1　ZPD 的基本概念圖

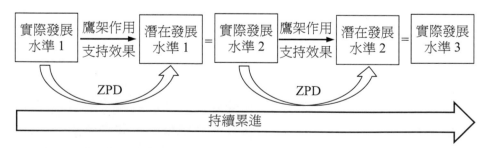

Vygotsky 認為學生的 ZPD 可以加速學習新技能和新概念以及為所有學習和理解提供有意義過程的理想場所。學生不僅透過學習

來發展，而且透過各種的學習機會被他人引導發展。教師的角色是幫助學生內在更佳的理解教材。適當的組織學習會導致心智的發展，並推動各種發展的過程，這些過程是不可能與學習分離的。ZPD 告訴教育人員，在教師和同儕的幫助下，學生可以做什麼。將這一理論付諸實踐會鼓勵學習責任從老師轉移到學生身上，這是逐步釋放責任的前提。學習既被視為是一個社會建構的經驗，涉及能力更強的人指導那些能力較弱的人超越其實際發展水準的過程，因此，從建構主義的觀點出發，不僅需要學生之間的互動，還需要教師與學生之間的互動（Chen & Bryer, 2012; Kim, 2001）。學生之間的協作可以促進學習成效，提高學業成績、學習持續度和學習態度（Prince, 2004）。教師應在課堂上建立一個對話討論社群，以促進社會互動和反思（Fosnot & Perry, 2005）。社會建構主義的教育觀將協作視為學生的一種新學習方式，以及圖書教師和教師的一種新的計劃和教學方式（Fulton, 2003）。協作的基本假設是意義和知識是共同建構的。

　　儘管人們普遍討論與兒童成長有關的 ZPD，但這一概念已擴展到包括成人之間的關係，並且適用於圖書教師與教師，教師和學生之間的關係（John-Steiner & Mahn, 1996; John-Steiner et al., 1998; Moran & John-Steiner, 2003）。教師與圖書教師之間，透過對問題或問題的討論以及解決方案的發展來建構意義。老師和圖書教師之間的這種合作包括辨識教學問題、計劃課程、執行和評估教學（Lance & Maniotes, 2020）。Montiel-Overall（2008）的研究進一步證明了教師與圖書館員之間的合作不僅可以幫助學生，而且可以改善教師的教學。Loertscher 和 Koechlin（2014）將成功的合作歸功於每位合作夥伴在教與學方面的專業知識、激勵的環境、以學生為中心的小組合作以及分享實現所有社群成員受益的目標的共同領

導。

　　建構主義者認為，學習者在面臨創造一種結果的任務時，更有可能產生新的知識，並變得更加積極投入，此任務結果強調他們在具有個人意義的主題上學到的東西（Grassian & Kaplowitz, 2009）。John-Steiner 和 Mahn（1996）假設學生將自己具有文化底蘊的知識和價值觀帶入課堂，促使班級轉變為更具參與性和支持集體探究的班級研究，此證實 Vygotsky 的 ZPD 理論。而將學生文化資訊靈活運用到課堂活動中，可以促進社會文化素養，這對老師和學生都有利。

　　Vygotsky（1978）進一步指出，需要跨學科的整體教學實踐來確保孩子的教育和情感發展（Gredler, 2012; Kozulin, 2011）。教育定位為孩子成長的「動力」（Kozulin, 2011, p.196）。此外，Vygotsky（1978）的學習社會文化理論提出，學習是在學習者了解和不了解的框架內透過合作和支持的事件而發生的。Vygotsky（1978）的認知發展理論在 21 世紀繼續成立，提醒我們，概念學習不會單獨地達成其成果的形式(finished form)（Gredler, 2012）；反而是隨著時間的流逝和隨著協作，較高層次的心智功能會發生。

　　建構主義者認為，知識不能透過溝通或感官而被動地獲得，而是透過認知的自我組織主動建立的（von Glasersfeld, 1995）。主動學習在最基本的層面就是從做中學習。當作為一種教學策略時，它可以促進學生積極參與課堂活動。主動學習讓學生能夠控制自己的學習，並融入與他人的動態互動和協作。積極的學習和社會互動對於學生建構意義和理解理論與實踐之間的連結是必要的（Arseneau & Rodenburg, 1998）。大量的實證研究證實，主動學習可以提高學生的學習傾向、積極態度、探究、參與度以及更高的學習層次，例如綜合、評鑑和創造（Chernay, 2008; Prince, 2004; Williams & Chinn, 2009）。

綜上所述，資訊素養教學係奠基在建構主義的學習理論。建構主義學者，如 Dewey、Piaget、Vygotsky（1978），均主張學生是主動的學習者，他們在一個學習環境中以先前的理解與經驗回應所接收到的新資訊。經驗在學習歷程中扮演重要角色。從建構主義的觀點來看，能夠在閱讀、寫作或主題探究時利用其先備知識的學生應該表現出較高層次的思考技能。由於建構主義理論強調過程，在大多數情況下，從多個來源建構思考會比從單一來源建構思考需要更高層次的策略努力（Braten & Stromso, 2011）。因此，學生處理知識和展示對主題理解的能力，不會只透過單一成果來觀察，而必須在學習有關該主題成果的整個過程中來觀察。

三、資訊素養教學成效

教學因素亦影響讀者處理多元文本資訊的能力（Linderholm et al., 2014）。例如，要求參與者建構書面論據而不是簡單地摘要文本會導致參與者運用較高層次的理解力。最有效的資訊素養教師是那些熟悉各種學習理論和有理論依據的教學策略和技巧。有效的教師保留彈性，需要時願意混合和選出適配的教學技巧。優質的教師熟悉各種教學策略和技巧，並能靈活運用在每一個適當的情境。這些教師不僅注意到教學趨勢和教學內容，同時關注學生的學習需求和學習差異。

隨著資訊科技和網際網路的快速發展，教學不再僅限於紙本資源，更涵蓋數位資源，學生需要學習如何查找和取得更多種類的資訊，並發展評估和綜合資訊的可轉移和批判思考技巧（Salony, 1995）。資訊素養力求超越主要講授檢索技能的知識，強調在尋找和使用資訊／知識的過程中解決問題的全面學習（Owusu-Ansah,

2004）。圖書教師在重新調整其教學重點的同時，也重新審視了教學實踐。像其他領域教學教師一樣，圖書教師從傳統講授的教學方法轉變為採用建構主義的學生主動學習方法，讓學生參與其中發現和創造知識（Allen, 1995; Downey et al., 2006; Smith, 2007）。

Didier（1984）分析 37 篇有關學校圖書館利用課程對學生成就影響的研究。結果指出閱讀和利用教育對學生閱讀技能的發展（development of reading skill）、整體學業成就（overall academic achievement）、使用圖書館的技能（library skills）、字彙和詞句學習技能（vocabulary & word study skills）、口語表達（verbal expression）、解決問題能力（problem solving ability）、以及閱讀的深度和品質（breadth & quality of general reading）都有正相關。研究著重在圖書教師的教學角色，與學生的能力、學業成就相關，尤其是閱讀能力相關更高。

Lance 等人一系列的學校圖書館對學生學業成績影響的研究指出：有專業的圖書教師、圖書教師與教師協作教學、科技近用、以及豐富的圖書館館藏，是增進學生標準化成就測驗成績的主因（Coker, 2015; Johnston, 2015; Kachel & Lance, 2013; Lance, 1994, 2002; Lance & Hofschire, 2011, 2012; Lance & Kachel, 2018; Lance, Rodney, & Hamilton-Pennell, 2000; Lance, Rodney, & Schwarz, 2010; Lance & Russell, 2004; Lance et al., 2014; Small & Snyder, 2010; Todd, 2015; Todd & Kuhlthau, 2005）。諸多研究證實，圖書教師和領域教師協作教學對學生的閱讀能力、學業成就、主題探究、解決問題能力等學習成效以及終身學習的能力都有所助益（陳海泓，2015a，2015b，2016；郭藍儀、陳海泓，2012；Chu, 2009; Chu et al., 2011; Lance & Maniotes, 2020; Montiel-Overall & Adcock, 2007; Montiel-Overall & Grimes, 2013; Montiel-Overall & Hernàndez,

2012）。

　　知識不是靜止的，因此，需將學習者視為探究者，在真實情境中，學習處理有意義的問題。諸多問題是學習者藉著提問、調查、創造、討論和回饋這五項思考工具，提出解決方法（Bruce & Davidson, 1996）。在教室中營造一個強大的社交和情感支持社群，可以導致學生之間的討論更加開放和反思（Murphy et al., 2009），並使學生能夠承擔學習的風險和所有權。探究不僅限於學生個人或小組的探究，更應包括教師社群的探究，協作分享用以創造自己的意義，建構知識。與個人工作相比，協作可以提高學習成果，並提高學業成績、學生忠誠度和學生學習態度（Prince, 2004）。

參、結語

　　資訊素養是建構知識、終身學習的重要技能，符應當今教育改革的理念。隨著科技的更新、網際網路蒐尋的普遍，資訊唾手可得，有效評估資訊的能力變得更加重要。如果沒有圖書教師教導，有關如何有效地取得和使用資訊的教學，學生很可能只會在表面上使用資訊，而不會創造新知識。有效的學習活動，必須建構在學生先前已習得概念的知識基礎上，並與環境交互作用，學生才能將學習內容意義化。在 21 世紀，有效的教學實踐，必須繼續滿足學生的整體需求，同時調整課程，以滿足學習者不斷變化的學習需求。因此，有效的教學實踐必須創造適當的任務，提出新的要求，或透過新的目標激發智力（Gredler, 2012）。圖書教師如何利用認知發展理論來提供嚴格的、投入的、在發展上適當的學習環境，並且致力於提供全面的教學以確保個別化的學習，值得細思（Gredler, 2012;

Kozulin, 2011）。資訊素養的教學不能與閱讀理解策略、探究和批判思考分開。圖書教師必須教導這些策略與技能，並激勵學生不斷地實踐這些技能，尤其是在自由放養的網絡學習環境中。

　　當前教學趨勢強調資訊評估、分析和綜合的高層次思考技能，而不是死記硬背和重複課程，所培養的基本的理解和記憶技能。事實上，越來越多關注主動學習方法（例如問題導向、探究導向和發現的學習），突顯向高層次思考能力的轉變，挑戰學生積極參與資訊和資源，以解決問題和創造知識的行為（Levine, 2007; Prince & Felder, 2007; Walsh & Cuba, 2009）。透過課堂同儕協作或小組討論，圖書教師不僅自己要協助低成就的學生內化知識，還要引導學生協助低成就的同儕；引導學生促進組內對談，而不是告訴學生答案或監控學生。這種教學方法鼓勵學生採用深入的學習方法，意即探究和解決問題的綜合學習經驗來改善教育成果。

　　教育的目的是養成學生不僅能吸收和反省資訊，而且在各種情況和經歷中能運用他們的知識、能力和技能。資訊素養的重要性也聚焦其在研究領域和學科領域的適用性，以及與批判思考和終身學習相關的事實。鑑於資訊的氾濫和資訊素養技能的終身重要性，有必要提供融入領域內容的資訊素養教學實踐，讓學生更有動態的機會，習得利用探究導向學習所需的技能和知識。幫助學生從各種來源尋找資訊、評估這些來源的可靠性和有效性，並從這些來源中綜合資訊來深入了解並統整資訊，成為新知識的獲取者。

　　學習「我們明天需要什麼的能力」比「我們今天知道的能力」更加重要。任何學習理論的真正挑戰是在應用時，活化已知的知識。但是，當面對需要但不知道的知識時，查找與辨識資訊和資源，以滿足需求的能力就變得相當重要。隨著知識的不斷增長和發展，獲得所知的知識比學習者當前擁有的知識更為重要。

參考文獻

陳海泓（2015a）。CORI 融入社會領域教學對國民小學五年級學生閱讀成效的影響。教育科學研究期刊，*60*（1），99-129。https://doi.org/Doi:10.6209/JORIES.2015.60(1).04

陳海泓（2015b）。教師和圖書教師高層次協作教學模式建構及其對五年級學生主題探究報告和月考成績的影響。教育資料與圖書館學，*52*（3），299-336。https://doi.org/DOI:10.6120/JoEMLS.2015.523/0660.RS.CM

陳海泓（2016）。社會領域教師和圖書教師高層次協作教學對國民小學六年級學生主題探究學習的影響以及學生的回應。圖書資訊學研究，*10*（2），87-132。

陳海泓、陳昭珍（2018）。國民中小學閱讀與資訊素養融入教學現況調查。圖書資訊學研究，*13*（1），1-50。

郭藍儀、陳海泓（2012）。國小二年級學生實施圖書資訊利用課程之成效。教育研究論壇，*4*（1），1-24。

教育大辭書（2000）。學習理論。http://120.127.233.14/detail/1314349/

教育部（2014）。十二年國民基本教育課程綱要總綱。教育部。

張春興、林清山（1982）。教育心理學。東華出版社。

張新仁（2003）。緒論。在張新仁（主編），學習與教學新趨勢（頁1-22）。心理出版社。

Allen, E. E. (1995). Active learning and teaching: Improving postsecondary library instruction. *The Reference Librarian,*

24(51/52), 89-103.

American Association of School Librarians. (2007). *Standards for the 21st-Century learner*. American Library Association.

American Association of School Librarians. (2009a). *Standards for the 21st-century learner in action*. American Library Association.

American Association of School Librarians. (2009b). *Empowering learners: guidelines for school library media programs*. American Library Association.

American Association of School Librarians. (2016). *Instructional role of school librarians*. American Library Association.

American Association of School Librarians. (2018). *National school library standards for learners, school librarians, and school libraries*. American Library Association.

American Library Association. (1996). *Position statement on information literacy*. ALA adopted from the Wisconsin Educational Media Association.

Armstrong, C. (2015). In the zone: Vygotskian-inspired pedagogy for sustainability. *The Journal of Classroom Interaction, 50*(2), 133-144.

Armstrong, T. (2006). *The best schools: How human development research should inform educational practice*. ASCD.

Arseneau, R., & Rodenburg, D. (1998). The Developmental perspective: Cultivating ways of thinking. In D. D. Pratt (Ed.). *Five perspectives on teaching in adult and higher education*. Krieger.

Beane, J. (2005). *A reason to teach: Creating classrooms of dignity and hope- The power of the democratic way*. Heinemann.

Beck, I. L., McKeown, M. G., Sandora, C., Kucan, L., & Worthy, J. (1996). Questioning the author: A yearlong classroom implementation to engage students with text. *The Elementary School Journal, 96*(4), 385-414. https://doi.org/10.1086/461835

Bloom, B. S. (1956). *Taxonomy of educational objectives: The classification of educational goals.* McKay.

Bråten, I., & Strømsø, H. I. (2011). Measuring strategic processing when students reading multiple texts. *Metacognition and Learning, 6*(2), 111-130. https://doi.org/10.1007/s11409-011-9075-7

Bristow, S. F., & Patrick, S. (2014). *An international study in competency education: Postcards from abroad.* https://files.eric.ed.gov/fulltext/ED561280.pdf

Bruce, B. C. (2003). *Literacy in the information age: Inquiries into meaning making with new technologies.* International Reading Association.

Bruce, B. C., & Davidson, J. (1996). An inquiry model for literacy across the curriculum. *Journal of Curriculum Studies, 28*(3), 281-300.

Callison, D. (2006). Key word in instruction: Project-based learning. *School Library Media Activities Monthly, 22*(5), 42-45.

Chen, B., & Bryer, T. (2012). Investigating instructional strategies for using social media in formal and informal learning. *International Review of Research in Open & Distance Learning, 13*(1), 87-104.

Chernay, I. D. (2008). The effects of active learning on students' memories for course content. *Active Learning in Higher Education, 9*(2), 152-171.

Chu, S. K. (2009). Inquiry project-based learning with a partnership of three types of teachers and the school librarian. *Journal of the American Society for Information Science and Technology, 60*(8), 1671-1686. https://doi.org/10.1002/asi.21084

Chu, S. K., Tse, S. K., Loh, E. K., & Chow, K. (2011). Collaborative inquiry project based learning: Effects on reading ability and interests. *Library & Information Science Research, 33*(3), 236-243. https://doi.org/10.1016/j.lisr.2010.09.008

Coiro, J. (2011). Talking about reading as thinking: Modeling the hidden complexities of online reading comprehension. *Theory into Practice, 50*(2), 107-115.

Coiro, J. & Dobler, E. (2007). Exploring the online comprehension strategies used by sixth-grade skilled readers to search for and locate information on the internet. *Reading Research Quarterly, 42*(2), 214-257. https://doi.org/10.1598/RRQ.42.2.2

Coker, E. (2015). *The Washington state school library study: Certified teacher-librarians, library quality and student achievement in Washington state public schools.* Washington Library Media Association.

Committee on the Developments in the Science of Learning. (2000). *How people learn: Brain, motivation, experience, and school.* National Academies Press.

Crockett, L., Jukes, I., & Churches, A. (2011). *Literacy is not enough: 21st-century fluencies for the digital age.* 21st Century Fluency Project.

Dede, C. (2009). Comparing frameworks for 21st century skills. In J.

Bellanca & R. Brandt (Eds), *21st century skills: Rethinking how students learn* (pp. 51-75). Solution Tree Press.

Delors, J. (1996). *Learning: The treasure within; Report to UNESCO of the International Commission on Education for the twenty-first century*. https://www.eccnetwork.net/sites/default/files/media/file/109590engo.pdf

Didier, E. (1984). Research on the impact of school library media programs on student achievement: Implications for school media library professionals. In F. B. Macdonald (Ed.), *The emerging school library media program* (pp. 25-44). Libraries Unlimited, Inc.

Denzin, N. K., & Lincoln, Y. S. (2005). *The Sage handbook of qualitative research* (3rd ed.). Sage.

Dewey, J. (1938). *Experience and education*. MacMillian.

Donham, J. (2008). *Enhancing teaching and learning: A leadership guide for school library media specialists* (2nd ed.). Neal-Shuman Publishers.

Downey, A., Ramin, L., & Byerly, G. (2008). Simple ways to add active learning to your library instruction. *Texas Library Journal, 84*(2), 52-54.

Drew, S. V. (2012). Open up the ceiling on the common core state standards: Preparing students for 21st-century literacy-now. *Journal of Adolescent & Adult Literacy, 56*(4), 321-330. https://doi.org/10.1002/JAAL.00145

Driscoll, M. (2000). *Psychology of learning for instruction*. Allyn & Bacon.

Dwyer, B. (2016). Engaging all students in internet research and inquiry. *Reading Teacher, 69*(4), 383-389.

Erstad, O. & Voogt, J. (2018). The twenty-first century curriculum: Issues and challenges. In J. Voogt, G. Knezek, R. Christensen, K-W. Lai (Eds.), *Second handbook of information technology in primary and secondary education* (pp. 1-18). Springer.

Fosnot, C. T. (Ed.) (2005). *Constructivism: Theory, perspectives, and practice* (2nd ed.). Teachers College Press.

Fosnot, C. T., & Perry, R. S. (2005). Constructivism: A psychological theory of learning. In Fosnot, C.T. (Ed.) *Constructivism: Theory, perspectives and practice*, (Vol. 2). Teachers College Press.

Fulton, K. P. (2003). Redesigning schools to meet 21st century learning needs. *T.H.E. Journal, 30*(9), 30-32, 34, 36.

Gagné, R. M. (1985). *The conditions of learning and theory of instruction* (4th ed.). Holt, Rinehart and Winston

Gordon, M. (2009). Toward a pragmatic discourse of constructivism: Reflections on lessons from practice. *Educational Studies, 45*(1), 39-58.

Grassian, E. S., & Kaplowitz, J. R. (2009). *Information literacy instruction: Theory and practice* (2nd ed.). Neal-Schuman Publishers.

Gredler, M. E. (2005). *Learning and instruction: Theory into practice* (5th ed.). Pearson Education.

Gredler, M. E. (2012). Understanding Vygotsky for the classroom: Is it too late? *Educational Psychology Review, 24*, 113-131. https://doi.org/10.1007/s10648-011-9183-6

Harada, V. H., & Yoshina, J. M. (2010). *Assessing for learning:*

Librarians and teachers as partners (2nd ed.). ABC-CLIO.

Head, A. J., & Eisenberg, M. (2010). *Truth be told: How college students evaluate and use information in the digital age.* SSRN https://ssrn.com/abstract=2281485

John-Steiner, V., & Mahn, H. (1996). Sociocultural approaches to learning and development: A Vygotskian framework. *Educational Psychologist, 31*(3/4), 191-206.

John-Steiner, V., Weber, R. J., & Minnis, M. (1998). The challenge of studying collaboration. *American Educational Research Journal, 35*(4), 773-83.

Johnston, M. P. (2015). Blurred lines: The school librarian and the instructional technology specialist. *TechTrends, 59*(3), 17-26.

Jones, M. G., & Brader-Araje, L. (2002). The impact of constructivism on education: Language, discourse, and meaning. *American Communication Journal, 5*(3), 1-9.

Jordan, A., Carlile, O., & Stack, A. (2008). *Approaches to learning: A guide for teachers*. Open University Press.

Kachel, D. E., & Lance, K. C. (2013). Librarian required. *School Library Journal, 59*(3), 28-28.

Karchmer-Klein, R., & Shinas, V. H. (2012). Guiding principles for supporting new literacies in your classroom. *Reading Teacher, 65*(5), 288-293.

Kim, B. (2001). Social constructivism. In M. Orey (Ed.), *Emerging perspectives on learning, teaching, and technology* (pp. 1-8) http://projects.coe.uga.edu/epltt/index.php?title=Main_Page

Kingsley, T. L., & Grabner-Hagen, M. M. (2015). Gamification:

Questing to integrate content knowledge, literacy, and 21st-century learning. *Journal of Adolescent & Adult Literacy, 59*(1), 51-61. https://doi.org/10.1002/jaal.426

Kivunja, C. (2014). Do you want your students to be job-ready with 21st century skills? Change pedagogies: A pedagogical paradigm shift from Vygotskyian social constructivism to critical thinking, problem solving and Siemens' digital connectivism. *The Journal of Higher Education, 3*(3), 81-91. https://doi.org/10.5430/ijhe. v3n3p81

Kozulin, A. (2011). Introduction to Vygotsky's the dynamics of the schoolchild's mental development in relation to teaching and learning. *Journal of Cognitive Education and Psychology, 10*(2), 195-197. https://doi.org/10.1891/1945-8959.10.2.195

Kuiper, E., & Volman, M. (2008). The Web as a source of information for students in K-12 education. In J. Coiro, M. Knobel, C. Lankshear, & D.J. Leu (Eds.), *Handbook of research on new literacies* (pp. 241-246). Erlbaum.

Lance, K. C. (1994). The impact of school library media centers on academic achievement. *School Library Media Quarterly, 22*(3), 167-172.

Lance, K. C. (2002). How school librarians leave no child behind: The impact of school library media programs on academic achievement of U.S. public school students. *School Libraries in Canada, 22*(2), 3-6.

Lance, K. C., & Hofschire, L. (2011). Something to shout about: New research shows that more librarians means higher reading scores.

School Library Journal, 57(9), 28-33.

Lance, K. C., & Hofschire, L. (2012). Change in School Librarian Staffing Linked With Change in CSAP Reading Performance, 2005 to 2011. *Library Research Service.* https://www.lrs.org/ closer-look-studies/change-in-school-librarian-staffing-linked-wit h-change-in-csap-reading-performance-2005-to-2011-2/

Lance, K. C., & Kachel, D. E. (2018). Why school librarians matter: What years of research tell us. *Phi Delta Kappan, 99* (7), 15-20.

Lance, K. C., & Maniotes, L. K. (2020). *Linking librarians, inquiry learning, and information literacy.* Phi Delta Kappan, https:// kappanonline.org/linking-librarians-inquiry-learning-information- literacy-lance-maniotes/

Lance, K. C., Rodney, M., & Hamilton-Pennell, C. (2000). *How school librarians help kids achieve standards: The second Colorado study.* Hi Willow Research & Publishing.

Lance, K., Rodney, M., & Schwarz, B. (2010). The impact of school libraries on academic achievement: A research study based on responses from administrators in Idaho. *School Library Monthly, 26*(9), 14-17.

Lance, K. C., & Russell, B. (2004). Scientifically based research on school libraries and academic achievement: What is it? How much do we have? How can we do it better? *Knowledge Quest, 32*(5), 13-17.

Lance, K. C., Schwarz, B., & Rodney, M. J. (2014). *How libraries transform schools by contributing to student success: Evidence linking South Carolina school libraries and PASS & HSAP results.*

Columbia, SC: South Carolina Association of School Libraries. https://www.scasl.com/assets/phase%20i.pdf

Langer, J. A. (1991). Literacy and schooling: A sociocognitive perspective. In E. H. Hiebert (Ed.), *Literacy for a diverse society: Perspectives, practices, and policies* (pp. 7-27). Teachers College Press.

Lave, J. (1991). Situating learning in communities of practice. In L.B. Resnick, J. M. Levine, & S. D. Teasley (Eds.), *Perspectives on socially shared cognition* (pp. 63-82). American Psychological Association.

Levine, M. (2007). The essential cognitive backpack. *Educational Leadership, 64*(7), 16-22.

Linderholm, T., Therriault, D. J., & Kwon, H. (2014). Multiple science text processing: Building comprehension skills for college student readers. *Reading Psychology, 35*(4), 332-356. https://doi.org/10.1080/02702711.2012.726696

Loepp, F. L. (1999). Models of curriculum integration. *The Journal of Technology Studies, 25*(2), 21-25.

Loertscher, D. V., & Koechlin, C. (2014). Climbing to excellence: Defining characteristics of successful learning commons. *Knowledge Quest, 42*(4), 14-15.

Mayer, R. E. (2011). *Applying the science of learning*. Pearson.

Montiel-Overall, P. (2005). Toward a theory of collaboration for teachers and librarians. *School Library Media Research, 8*(1). http://www.ala.org/aasl/aaslpubsandjournals/slmrb/slmrcontents/volume82005/theory

Montiel-Overall, P. (2008). Teacher and librarian collaboration: A qualitative study. *Library & Information Science Research, 30*(2), 145-155.

Montiel-Overall, P., & Adcock, D. (Eds.). (2007). *Best of knowledge quest: Series on teacher and librarian collaboration.* American Association of School Librarians.

Montiel-Overall, P., & Grimes, K. (2013). Teachers and librarians collaborating on inquiry-based science instruction: A longitudinal study. *Library & Information Science Research, 35*(1), 41-53.

Montiel-Overall, P., & Hernàndez, A. C. R. (2012). The effect of professional development on teacher and librarian collaboration: Preliminary findings using a revised instrument, TLC-III. *School Library Research, 15*, http://www.ala.org/aasl/slr/vol15

Moran, S., & John-Steiner, V. (2003). Creativity in the making: Vygotsky's contemporary contribution to the dialectic of development and creativity. In R. K. Sawyer, V. John-Steiner, S. Moran, R. J. Sternberg, D. H. Feldman, J. Nakamura, and M. Csikszentmihalyi (Eds.), *Creativity and development.* (pp. 61-90). Oxford University Press.

Munro, K. (2006). Modified problem-based library instruction: A simple reusable instructional design. *College & Undergraduate Libraries, 13*(3), 56-61.

Murphy, P. K., Wilkinson, I. A., Soter, A. O., Hennessey, M. N., & Alexander, J. F. (2009). Examining the effects of classroom discussion on students' comprehension of text: A meta-analysis. *Journal of Educational Psychology, 101*(3), 740-764. https://doi.

org/10.1037/a0015576

Neuman, D. (2011). Library media specialists: Premier information specialists for the information age. *Tech Trends, 55*(4), 21-26.

Oakhill, J. (1984). Inferential and memory skills in children's comprehension of stories. *British Journal of Educational Psychology, 54*(1), 31-39. https://doi.org/10.1111/j.2044-8279.1984.tb00842.x

OECD (2018). The future of education and skills Education 2030. *OECD* https://www.oecd.org/education/2030/E2030%20Position%20Paper%20(05.04.2018).pdf

Ormond, J. E. (2004). *Human learning* (4th ed.). Pearson Education, Inc.

Owusu-Ansah, E. K. (2004). Information literacy and higher education: Placing the academic library in the center of a comprehensive solution. *The Journal of Academic Librarianship, 30*(1), 3-16.

Pardo, L. S. (2004). What every teacher needs to know about comprehension. *The Reading Teacher, 58*(3), 272-280.

Partnership for 21st Century Learning. (2015). P21 framework definitions. https://files.eric.ed.gov/fulltext/ED519462.pdf

Piaget, J. (1952). *The origins of intelligence in children*. W. W. Norton.

Prawat, R. S., & Floden, R. E. (1994). Philosophical perspectives on constructivist views of learning. *Educational Psychologist, 29*(1), 37-48.

Prince, M. (2004). Does active learning work? A review of the research. *Journal of Engineering Education, 93*(3), 223-231.

Prince, M., & Felder, R. (2007). The many faces of inductive teaching and learning. *Journal of College Science Teaching, 36*(5), 14-20.

Pritchard, A., & Woollard, J. (2010). *Psychology for the classroom: The social context.* Routledge.

Salony, M. F. (1995). The history of bibliographic instruction: Changing trends from books to the electronic world. *Reference Librarian, 24*(51/52), 31-51.

Siemens, G. (2018). Connectivism. In R. E. West (Ed.), *Foundations of learning and instructional design technology.* EdTech Books. https://edtechbooks.org/lidtfoundations/connectivism

Slavin, R. (2005). *Educational psychology: Theory and practice.* Pearson Allyn & Bacon.

Small, R. V., & Snyder, J. (2010). Research instruments for measuring the impact of school libraries on student achievement and motivation. *School Libraries Worldwide, 16*(1), 61-72.

Smith, F. A. (2007). Perspectives on the ... pirate-teacher. *The Journal of Academic Librarianship, 33*(2), 376-388.

Todd, R. J. (2015). Evidence-based practice and school libraries: Interconnections of evidence, advocacy, and actions. *Knowledge Quest, 43*(3), 8-15.

Todd, R., & Kuhlthau, C. (2005). Student learning through Ohio school libraries, Part 1: How effective school libraries help students. *School Libraries Worldwide 11*(1), 89-110.

United Nations Educational, Scientific and Cultural Organization Institute for Education (2003). *Nurturing the treasure: Vision and strategy 2002-2007.* Hamburg

Von Glasersfeld, E. (1995). *Radical constructivism: A way of knowing and learning.* Falmer Press.

Vygotsky, L. S. (1978). Interaction between learning and development. In M. Cole, V. John-Steiner, S. Scribner & E. Souberman (Eds.), *Mind in Society: The development of higher psychological processes* (pp.79-91). Harvard University Press.

Wagner, T. (2012). *Creating innovators.* Scribner.

Wagner, T., & Dintersmith, T. (2015). *Most likely to succeed: Preparing our kids for the innovation era.* Scribner.

Wallace, V. L., & Husid, W. N. (2011). *Collaborating for inquiry-based learning: School librarians and teachers partner for student achievement.* Libraries Unlimited.

Walsh, D. C., & Cuba, L. (2009). Liberal arts education and the capacity for effective practice: What's holding us back? *Liberal Education, 95*(4), 32-38.

Williams, J., & Chinn, S. J. (2009). Using Web 2.0 to support active learning. *Journal of Information Systems Education, 20*(2), 165-174.

第三章　資訊素養教學模式

　　資訊素養是指一個人具備覺知何時需要資訊，並能有效地蒐索、評估和使用所需資訊的能力（American Library Association，簡稱 ALA，1989）。另依據聯合國教科文組織（UNESCO）2005 年的 Alexandria Proclamation 中指出資訊素養是使各行各業的人能夠有效地尋求、評估、使用和創造資訊，以實現其個人、社會、職業和教育的目標。這是數位世界中的一項基本人權，並能促進所有國家的社會融合。對於所有社會而言，資訊素養不僅是掃盲政策和戰略，而且是促進人類發展的全球政策。資訊素養對今日的學習者來說尤其重要，它可以提升問題解決與批判思考的能力。這也是 108 課綱強調學習者應有的能力，學習者在學習過程中會提出問題和取得答案，透過各種資訊的尋找、形成意見、評估資訊來源和做出決策，從而培養成功的學習者、自信的個人和負責任的公民。本章分為四部分：分別為資訊素養教學模式的重要性、K-12 年級常用的資訊素養教學模式、各種資訊素養教學模式的比較及資訊素養教學設計與評量。

壹、資訊素養教學模式的重要性

　　資訊素養能力是需要透過多種技能才能養成，因而資訊素養發展出多種教學模式，此模式的目的是讓所有學生成為積極和有創造力的資訊找尋者、評估者和使用者，以解決問題和滿足自己的好奇

心。有了這些能力，學生就能成為獨立的、有道德的、終身學習的人，獲得個人的滿足感，並對學習社群和整個社會，作出負責任的，與有成效的貢獻。常見的資訊素養模式有 Eisenberg 與 Berkowitzs（1990）提出的 Big6，Loertscher 的 Information Literacy Model（1999）是以學生為中心，學生可以在每一階段或相鄰階段過程間來回，是非線性，但成功的研究者必須完成特定階段或步驟的所有項目，包括：（1）問題與疑惑（Questions and Wonders）；（2）查找與排序（Finds and Sorts）；（3）消化與吸收（Consumes and Gulps）；（4）思維與創新（Thinks and Creates）；（5）摘要與結論（Summarizes and Concludes）；（6）過程與結果的傳播與省思（Communicates, and Reflects on Process and Product）。Kuhlthau（2004）的 Information search process（ISP），Kuhlthau、Maniotes 及 Caspari（2007）提出的引導性探究模式（Guided Inquiry），Newman（2011）的 I-LEARN 模式。上述所有模式主要是為課程相關的資訊素養而設計教學的，模式進一步強調在各學科的學習情境中，系統地使用模式所獲得技能的遷移能力。這些模式都強調要融入課程、探究問題為主，及學生與學生之間、學生與圖書教師的互動。

　　資訊素養教學模式，就像資訊蒐索過程中的路線圖，這模式對每個人顯示一條完美的探究路徑，包括如何尋找、分析和使用資訊，如何學習，如何有效的利用資源，如何完成手中的資訊任務，如何尋找資訊來解決問題、完成學校作業或探索一些好奇的問題。此模式也可以視為培養學生資訊技能的準則，模式說明資訊素養課程目標、學習成果、課程內容和評量標準。模式可以讓學生熟練地、有知識地利用這些技能，使學生成為終身學習者。今日，所有的資訊都可以從書籍、廣播、報紙、電視、網路及社群團體上獲得，學生

不僅需要知道如何進行研究，還需要知道為什麼他們要找尋這些資訊。資訊素養是關於表達思維和個人資訊，發展論點或觀點，學習新的知識和事實的過程。具備資訊素養的人在解決他們所面對的問題時，會利用後設認知來監控其所嘗試的每一個步驟。因此，資訊素養是有助於增強個人能力和學習自由。

　　資訊素養可作為教師構思學習及教學活動的架構，並讓學生從閱讀中學習、做專題探究、運用資訊科技進行協作學習。透過此模式，學生便可自行以批判的態度，取得與處理資訊及展開探究式學習，當學生學學得這些學習能力後，他們就會自主學習，因為他們已經學會了如何學習，這些都是目前資訊環境下需要資訊素養教學模式的原因。

貳、K-12 年級常用的資訊素養教學模式

　　此處蒐集的教學模式是針對 K-12 年級學習者，共有五種，敘述如下。

一、資訊尋求模式（Information Search Process, ISP）

　　資訊尋求模式（Information Search Process, ISP）是美國圖書資訊學者 Kuhlthau 以 Kelly（1963）的個人建構理論（Personal Construct Theory）為基礎，經過 20 年的實證研究設計的資訊搜尋過程，是從認知的觀點來分析此過程，分為六個階段：開始（initiation）、選擇（selection）、探索（exploration）、形成（formulation）、蒐集（collection）、呈現（presentation）。每個階段的活動包括情感

（feelings）、思維（thoughts）、行動（actions）的相互作用，ISP
也是知識建構的情意、認知與行為層面的模式，因資訊搜尋過程的
開始，有不確定性的（uncertainty）情感、含糊的（vague）思維、
及探究的（exploratory）行動特徵。思維開始是不確定、模糊、模
稜兩可，隨著搜尋過程的進行，變得更清晰、更聚焦、更具體。焦
慮和懷疑的感覺逐漸變得更加自信和確定。透過行動，在搜索過程
的開始階段尋找與一般主題相關的資訊，最後會專注與主題相關的
文獻（Kuhlthau, 2004）。各階段的內容與變化說明如下：

（一）開始（initiation）：當一個人第一次意識到自己對主題缺乏
　　　知識或理解，不確定感和憂慮感是常見的。

（二）選擇（selection）：當大致的主題或問題確定時，剛開始的
　　　不確定性會被短暫的樂觀所取代，準備開始進行搜尋。

（三）探索（exploration）：當遇到不一致、不相容的資訊時，會
　　　增加不確定性、困惑和懷疑，會發現自己的信心「跌宕起伏」。

（四）形成（formulation）：當形成一種聚焦的觀點時，信心開始
　　　增加，不確定性開始減少。

（五）蒐集（collection）：當蒐集到與聚焦觀點有關的資訊時，隨
　　　著興趣和參與程度的加深，不確定性心情會隨之消失。

（六）呈現（presentation）：當完成搜尋，對問題有了新的理解，
　　　會向他人說明學習的結果，或以其他方式將所學知識付諸使
　　　用。

　　　Kuhlthau（1985）評估過程被列為一個單獨的階段。後來
Kuhlthau（2004）將評估的某些方面納入第六階段。Kuhlthau 認為
評估是在搜尋過程結束後的反思時間，完成任務（作業）的時間，
反思過程中發生的一切，增加學生對過程中不同階段的自我意識。
Kuhlthau 認為資訊尋求過程是一個整體且複雜的學習過程，需要在

較長的時間內進行，包括學生的思維、行動和情感，ISP 模式揭示一個人在尋求資訊過程中尋求意義的過程。該模式清晰地揭示了資訊尋求行為與資訊影響之間的聯繫。學生在這一過程中的體驗必須得到明確的理解，且需要從各種來源的資訊中發展出探究的主題，最後個人才能提出對該主題的新觀點。

二、引導性探究模式（Guided Inquiry, GI）

　　ISP 模式描述了學生在探究過程中各階段的經歷，引導性探究模式（Guided Inquiry, GI）（Kuhlthau et al., 2007）為指導學生在探究過程的每個階段提供具體的方向。Kuhlthau 等（2007）提出的引導性探究模式，教師和學校圖書館員與其他專家和專業人員組成團隊，共同引導學生以小組合作的方式，進行探究式主題學習。鼓勵學生利用廣泛的資訊資源建構自己的知識，在探究的群體中，創新的分享他們與同學的學習。引導式探究模式是以資訊尋求模式（ISP）的研究為基礎，過程中描述學生在做專題研究時，從各種不同的資訊資源中學習的過程，並引導學生深入參與學習的方法。此模式在啟動時開啟探究過程，在沉浸時讓學生建立背景知識，在探索時引導學生探索有趣的想法，在闡述時讓學生確認探究問題，在蒐集資料時支持學生針對問題進行蒐集，在表達時融入創新和分享，在整個探究過程中及結束時進行評估。

　　引導性探究模式的設計包括七個階段：

（一）啟動（open）：主要目的是開啟學生的思維，激發學生的好奇心，與想要探究的欲望。包括開始探究（Invitation to inquiry）、開放心胸（Open minds）和激發好奇心（Stimulate curiosity）等三步驟。

（二）沉浸（Immerse）：學生經由沉浸式體驗，共同建立背景知識，讓學生產生一些有趣的想法來進行研究，如閱讀一本書、文章、觀看影片、訪問專家或戶外實查。在共同構建背景知識的過程中，每個學生都會反思對自己重要的、值得進一步閱讀和探究的觀點。包括建立背景知識（Build background knowledge）、與內容連結（Connect to content）和發現有興趣的觀點（Discover interesting ideas）等三步驟。

（三）探索（explore）：學生瀏覽各種資訊資源，探索有趣的想法，為發展自己的探究問題做準備。學生很容易被所蒐集到的資訊所吸引，被不相符合的事實所迷惑。需引導他們在遇到的新資訊時，要保持開放的心態，並開始找尋對他們來說顯得特別重要的問題。在此階段引導學生形成有意義的探究問題。包括探究有興趣的觀點（Explore interesting ideas）、瀏覽（Look around）和深入閱讀（Dip in）等三步驟。

（四）確認（identify）：在繼續蒐集資訊之前，先停下來思考、清楚地表達所欲探究的問題。此階段的主要任務是從蒐集到的各種資訊來源中建構主要的探究問題，從而幫助學生建立其他的探究問題。包括暫停與思考（Pause and ponder）、確認探究問題（Identify inquiry question）和決定方向（Decide direction）等三步驟。

（五）蒐集（gather）資訊：幫助學生針對問題進行更精細資訊的蒐集。引導學生查尋、評估和利用資訊，主要任務是讓學生在找到的資訊資源中選擇對自己的探究問題有個人意義與有說服力的內容，並進行反思，從而達到深度學習的目的。從廣到深的資訊中，選擇最有用的重要資源進行仔細閱讀，並在個人理解的過程中持續關注思考。包括蒐集重要資訊（Gather

important information）、廣泛的資訊（Go broad）、深層的
資訊（Go deep）等三步驟。

（六）創造和分享（create and share）：引導學生不局限於簡單的
事實發現和報告，而是對發現的意義進行總結、解讀和延伸，
並以創新的方式，如有意義的、有趣味的、口齒清晰表達的
和證據確鑿的文獻報告來分享所學。包括學習省思（Reflect
on learning）、超越事實資訊且是有意義的資訊（Go beyond
facts to make meaning）和創造交流（Create to communicate）
等三步驟；分享是探究過程中的最終階段，學生會與同學、
家長或其他學生們分享他們的觀點及成果。當學生在探究過
程中分享他們所學到的知識時，會引發協作學習。包括彼此
互相學習（Learn from each other）、分享學習（Share learning）
和分享成果（Tell your story）等三步驟。

（七）評估（evaluate）：對學生實現學習目標的情況進行評估，引
導學生進行反思，對他們的學習內容和在探究過程中的進展，
進行自我評估。學生的自我反思是在整個過程記憶猶新的情
況下進行的，以強化內容學習，建立良好的學習習慣和能力，
提升素養。評估包括評量學習目標的成果（Evaluate
achievement of learning goals）、對內容的省思（Reflection
content）和對過程的省思（Reflection process）等三步驟。

　　每一個階段皆經由三個步驟完成，引導性探究設計過程的形式，
遵循學生對探究過程的信心和興趣的流向，同時能幫助教師指導學
生閱讀學習。這是為所有年齡段學生，所設計跨學科課程探究方法
的通用架構。把探究視為資訊時代學生在學校的一種學習方式，而
不僅僅是偶爾的研究作業。

　　引導性探究模式不但強調資訊素養的培養要跳脫線性的步驟，

且鼓勵學校教師與圖書教師組成一個團隊共同引導學生，以小組協作的方式進行探究式主題學習，使用各種資訊進行深入理解的能力。對於當今世界的每個學生來說都是至關重要的，在資訊時代的教育中，此模式設計架構為學生提供創新的、動態的教學方法。五種類型的學習發生於探究過程中：1.課程內容：事實的發現、解釋與整合；2.資訊素養：尋找、評估與使用資訊的概念；3.學習如何學習：在探究過程中的自我導向學習與人際互動，為未來的學習、生活和工作做好準備；4.閱讀能力：聽、說、讀、寫；5.社交技能：互動、合作與協作。探究為學生提供學習找尋、評量、使用各種媒體和各種文本的策略的機會，並在整個探究過程中把所有的策略和技能付諸行動。隨著學生從小學，國中到高中繼續學習，引導性探究創造了激勵學生想要學習的環境，通過此課程與世界聯繫，從而進行深入持久的學習。

三、I-LEARN（確認、找尋、評估、應用、反思、融會貫通模式）

　　另外一個學習模式是支持學生研究和批判性思考過程的模式，幾乎所有的學科都可以應用。此為 Newman（2011）的 I-LEARN（Identify Locate Evaluate Apply Reflect kNow），基於資訊本身是學習的基本構件，培育檢索、評估和利用資訊的專業知識是現代教育所要促進的真實學習。該模式設計是以資訊科學與教學設計的研究與理論為基礎，即是以資訊素養的既定原則為基礎，受 Anderson 和 Krathwohl（2001）對 Bloom 分類法的影響，設計模式的學習階段和每個階段可能發生的學習類型。I-LEARN 為該模式提供一個框架，說明學生經由使用資訊進行學習。描述資訊學習的過程，並為

學校圖書館員和其他人員提供專門為資訊時代學習所創建的教學工具。模式的六個階段：確認、找尋、評估、應用、反思與融會貫通，該模式借鑒了建構主義的觀點，描述利用資訊學習的過程，認為學習是學習者與資訊文本之間的「動態過程」（Neuman, 2011）。同時建立在人們熟悉的資訊素養三要素（檢索、評估、利用）的基礎上，不僅僅是資訊蒐尋模式，並在此基礎上進行擴展，成為一種學習模式。學習者使用此模式，確定自己想要學習的內容、尋找相關資訊、評估資訊的權威性、即時性等、應用資訊產生新的理解就是學習與最後反思所學的內容。無論經由印刷、影音、多感官或數位媒體呈現，資訊本身就是學習者運用和反思以產生有意義的學習方法。在 kNow 階段，學習者以新的理解為基礎，產生又一新的問題，繼續不斷學習。學生參與 I-LEARN 學習，可以讓學生與老師、同伴、家庭和學校社群成員一起閱讀、寫作和談論對他們有意義的主題。作為一種學習模式，I-LEARN 以重要的方式擴展傳統的資訊蒐尋模式。

  I-LEARN 模式包含六個階段，描述了資訊學習的過程。茲分述如下：

（一）確認（Identify）：確認可以經由資訊來解決的問題或疑問。包含：對世界充滿好奇心、調查合適主題的資料、可以通過資訊來解決問題或疑問。有啟動興趣、瀏覽相關資料與問題形成（Activate-Scan-Formulate）等三要素。

（二）找尋（Locate）：不論是從人、媒體或網路中找到、取得的資訊。包含：關於要學習的主題內容、該學習所需要的資訊、學習與該主題最相關及最重要的資訊。通過搜尋和提取相關資訊，獲得所需的資訊，有聚焦、找到、延伸（Focus-Find-Extract）等三要素。

（三）評估（Evaluate）：評估找到資訊的品質與主題相關性。包含：
來源和／或作者的可信度，內部邏輯性、準確性、當代的主
題，所需的學習水準／深度，和可存取的。有權威性、相關
性、時效性（Authority-Relevance-Timeliness）等三要素。

（四）應用（Apply）：將找到的資訊應用於學習任務。包含：利用
這些資訊產生新的理解，進行學習任務，這就是學習。確認
認知架構（如時間順序、層次結構等）、創建適當的成果來
傳達該結構。有產生資訊、組織資訊、傳播資訊（Generate-
Organize-Communicate）等三要素。

（五）反思（Reflect）：省思前面所有階段的過程和最後成果。包
含：形式和內容是否適當、如有需要再修訂、視情況再做最
後定稿。有分析、修訂、定稿（Analyze-Revise-Finalize）等
三要素。

（六）融會貫通（kNow）：所學到的知識，能解決問題或疑問，並
能用來建構未來知識的生成，亦即將獲得的知識應用在未來。
包含：融入前人的知識、知道意義是個人建構的、在必要時
／或適當的情況下利用。有內化、個人化、活化（Internalize-
Personalize-Activate）等三要素。

　　為了能清楚和有效地表達，模式是以線性方式發展的，但它的
本質是可以輪流替換，提供在其每個階段中循環和跨越的可能性。
在實際情況下這 18 項要素，根據學生和老師的需求，以及特定學習
任務的需求，這些要素的數量可能會增加或減少，甚至有可能發生
變化。如在「評估階段」下，所列的要素可能只包括三個要素中的
兩個，或者在使用資訊時，可能側重於全面性而不是即時性。換句
話說，雖然各階段是穩定的，但各要素應被視為可能性而不是制式
的公式。"kNow"的字詞——以"Now"結尾，強調 21 世紀的學習通常

是動態的、快速的、對即時情況和需求會作出反應。I-LEARN 與資訊素養三要素有明確的關係，檢索顯然與找尋有關，如在環境中查找資訊以及在資料庫和其他圖書館資源中的檢索資訊。在模式中「評估」與資訊素養概念是相同。I-LEARN 主要貢獻是擴展應用階段，將資訊素養的理念直接與學習結合，從而擴展資訊素養的觀念。其認為應用是利用資訊產生知識的過程，即學習；反思被認為是確保學習對個人是有意義的關鍵因素；"kNow"是個人在獲得知識後如何擁有和運用知識（圖 3-1）。I-LEARN 將資訊行為與學習內容直接連接起來，也就是與四種類型的知識：事實性的、概念性的、程序性的和後設認知連接。找尋為資訊涉及尋找作為學習基石的事實和概念知識；評估為資訊涉及運用後設認知，知識判斷資訊的適當性；應用、反思和融會貫通都涉及程序性知識和後設認知知識，即如何將事實和概念組合在一起的知識，以及如何選擇和如何將它們安排成一個連貫的整體的知識（圖 3-2）。

圖 3-1　I-LEARN 與資訊素養的關係

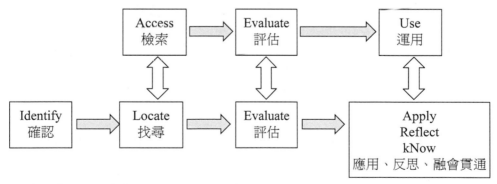

資料來源：翻譯自 http://www.ala.org/aasl/sites/ala.org.aasl/files/content/aaslpubsand
journals/slr/vol14/SLR_ConstructingKnowledge_V14.pdf

圖 3-2　I-LEARN 與知識類型對照

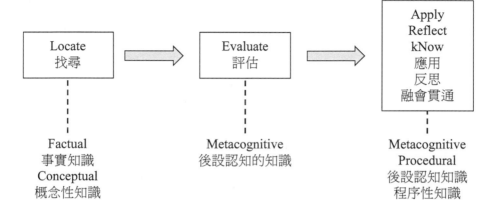

資料來源：翻譯自 http://www.ala.org/aasl/sites/ala.org.aasl/files/content/aaslpubsand
　　　　　journals/slr/vol14/SLR_ConstructingKnowledge_V14.pdf

　　I-LEARN 是適合培養 K-12 年級學生數位資訊素養，尤其在數位化的時代中，要求學生有能力了解如何有目的、有批判性地使用資訊，朝自己的目標向前發展（Lee, V. J, Grant, A., Neuman, D., & DeCarlo, M. J. T., 2016）。學生在數位環境中開始嘗試探究學習，可以為將來更複雜的數位素養奠定基礎。

四、大六教學法（Big6）

　　利用教學、強化研究、解決問題和寫作過程中，存在幾種資訊問題解決模式，大六教學法（Big6）資訊技能模式是其中之一，針對 K-12 年段的學生。Big6 一般稱為大六教學法或資訊素養六大技能，由 Eisenberg 與 Berkowitz 於 1990 年提出的問題解決策略的方式，強調由學校的圖書教師配合學科教師，共同設計課程，從問題

思考、資料蒐尋、利用資訊、整合資訊、評鑑和完成報告的過程中，將蛛網圖、心智圖、網路平台、電子資料庫等均適時融入相關歷程中，這個過程可以讓學習者「學習如何學習」，也是針對資訊時代提升學習技能的教學法，進而培養批判性思考、問題解決以及終身學習的技能。Big6 記述了我們在任何情況下完成作業和解決問題的方式，不僅是資訊素養過程，也是研究過程與探究過程。

　　藉由 Big6，人們學會了如何認識自己的資訊需求，以及如何通過一系列的階段性有效的發展解決資訊問題。Big6 提供一套廣泛、邏輯性強的技能，可以作為發展課程的架構，或一套獨特的解決問題的技能架構。教師可以將有關 Big6 的課程融入到學科領域的內容和作業中（Eisenberg, 2003）。Big6 模式不僅可以提升學生資訊素養，也可提高學生的學習效能（Abdullah, 2008; Lowery, 2005）。Big6 可作為學生的跨學科評估的基礎（Grover 等人，1999），家長在協助學生完成家庭作業時使用的方法。此問題的解決模式需要經過六個階段：定義問題（task definition）、搜尋策略（information seeking strategics）、取得資訊（location & access）、利用資訊（use of information）、統整（synthesis）和評估（evaluation）。且每個階段需要兩個步驟才能完成所有歷程。不一定要按順序完成這些階段，但是為了整體的成功，所有的階段都必須完成。Big6 每個步驟、每個階段都很明確，有彈性且可調整等特性，培養學生獲得研究、解決問題和後設認知的能力，所以被廣泛運用（Eisenberg, 2008）。Palinscar（1986）將後設認知定義為對學習做計畫、實施和評鑑策略方法的能力，這一點可從 Big6 解決問題的六個步驟得到驗證。學生在定義問題和資訊蒐尋策略是制定計劃，以便完成作業或解決問題。從事取得資訊、利用資訊和統整資訊是計畫的實施。對整個活動過程和成果進行評鑑是最後一步。Eisenberg 認為學生對自己的心

理狀態和過程的一種認識就是後設認知。

　　Big6 也是資訊和科技素養模式（Eisenberg & Johnson, 2002）。這個過程包括六個階段，從定義問題開始到評鑑，每個階段都有使用相關的科技（Eisenberg & Berkowiz, 1999）。茲分述如下：

（一）定義問題：包括定義問題的範圍，與確認解決此問題所需要的資訊。學生使用電子郵件、討論群、線上聊天、視訊會議和其他線上交流軟體釐清作業內容。為了集思廣益學生會用軟體製作的時間規劃表、組織圖等以便組織其探究的問題。

（二）搜尋策略：包括確定可利用的資訊範圍，及選擇最好的資訊資源。學生針對其問題辨識與評估數位化的資源，以便發展搜尋策略。

（三）取得資訊：包括找到資訊的資源所在，與從中找到所需的資訊。學生利用關鍵詞使用線上公用目錄、檢索期刊索引、電子百科全書、網路搜尋引擎和其他線上搜尋工具等，以便找到有用的資訊。

（四）利用資訊：包括閱讀、瀏覽、聆聽資訊與延伸相關資訊。學生檢索線上電子資訊資源，瀏覽、下載和解壓縮檔案，並使用複製和貼上功能，做筆記與撰寫參考文獻，以便提取相關資訊。

（五）統整：包括從多元的資源中組織資訊，與呈現資訊統整的成果。學生藉由文書軟體、資料庫管理、試算表和圖形軟體整理自己的成果，並利用電子郵件、網路出版或其他多媒體傳遞其成果。

（六）評估：包括有效能的判定研究成果，與有效率的判定研究過程。學生有效能與有效率的評鑑所使用的科技，與資訊對他們的影響。

　　Big6 探究模式非直線式（圖 3-3），在學生定義問題階段，確定自己的資訊蒐尋策略後，學生發現找到的資源不能用。在這種情況下，他們將回到資訊蒐尋階段，重新制定策略。又如學生在撰寫報告（整合）時，不知道自己是否達到教師的要求。這時可能回到定義問題階段，檢視制定的問題和有沒有達到教師的要求。重點是在整個過程中，要靈活運用，能來回移動，但要能做到每個階段的基本內容（Eisenberg, 2003）。Willer 與 Eisenberg（2014）認為定義問題是解決問題的最重要階段。

圖 3-3　大六教學法的非線性取向過程

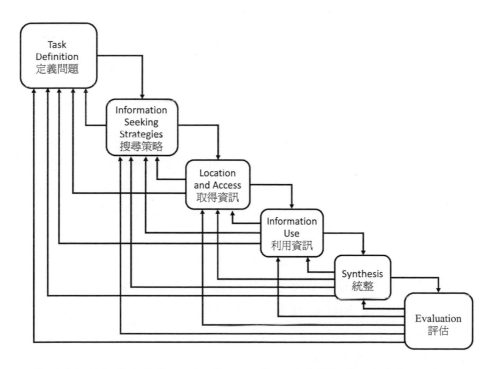

資料來源：翻譯自 Information literacy: Essential skills for the information age（Eisenberg, 2008, 42）

Big6 可以看作是整個課程的框架，融入 Big6 的教學，在每一門課程裏學生都能學到課程本位的資訊問題。此種技能教學與學科單元、課程、作業相結合，效果最佳。科技就像課程地圖，為圖書教師提供了一種記錄和審核課堂課程的方法，尋找融入資訊技能教學的機會，也可適應在課堂之外用來解決真實世界中的資訊的問題。圖書館教師和其他教師可以協作規劃利用 Big6 各步驟融入學科單元、課程和作業。從這個觀點來看，資訊問題解決、資訊技能教學、資訊素養是同義詞。每所學校、教師或教師團隊可以按年級、領域或課程確定教學重點。此外，每所學校、教師或教師團隊可以利用 Big6 創建自己的、獨特的教學單元或課程，或改編現有的單元或課程。除了適合學校教育外也適合高等教育與成人教育訓練的課程。Big6 創造的真實的學習經驗更符合《21 世紀學習者之標準》（*Standards for the 21st-Century Learner*）。

五、超級 3 教學法（Super3）

　　超級 3 教學法（Super3）是由 Eisenberg 和 Berkowitz（1999）所提出的，是將 Big6 技能簡化而來，專門為 K-3 年級學生編寫的，是讓學童了解如何做研究，它讓學童能思考、認識與做研究的過程。Super3 是將 Big6 的六階段簡化為三階段（表 3-1），其適應性和靈活性強，可以適用於任何主題領域與作業。也鼓勵圖書教師與其他教師的協作教學，幫助學生培養如何整合資訊與解決問題的能力。使用 Super3 也像 Big6 一樣不會是線性的，有時學生會來回前一個階段（Eisenberg & Robinson, 2010）。如果四、五年級學生覺得 Big6 探究過程步驟太複雜，也可使用 Super3（Walker, 2010），之後再逐漸轉移到 Big6，程度較好的學生可以快速從 Super3 進入 Big6。Super3 步驟說明如下：

（一）計畫（Plan, Beginning）：提出問題。我的計畫是什麼？挑選想探究的主題，並提出合理的問題。需要蒐尋什麼資訊才能完成任務？當我完成最後的任務時，成果是什麼樣子？

（二）執行（Do, Middle）：找出答案。實地觀察、會看書、使用電腦、做筆記、畫圖與記錄資料。利用閱讀策略以找尋書籍中的答案；我會找到所需的資訊；我該如何把找到的資訊統整在一起？我會引用我的資訊來源。

（三）檢視（Review, End）：進行省思。自我省思整個探究的過程。如：我的任務完成了嗎？我會用圖片、圖表或製作海報呈現成果並分享與同學。我對自己的成果感覺滿意嗎？我是否校對過以確保成果是正確的？我有用自己的話來書寫嗎？下次任務我會做哪些不一樣的事情？使用檢查表或問卷，做為幫助學生檢查自己成果的指引。

Super3 適用於科展、歷史人物年表編撰、非小說類和歷史類小說書籍比較／對比、作家的研究和傳記撰寫及動物專題探討。當研究變得是一種負擔時，學生和教師都想放棄，或者乾脆不再開始做這種專題研究。但 Super3 會讓教育者有信心且願意指導學生，實施 Super3 可以引領學生成為成功的研究者。其適用對象包括學生、教師、圖書教師、科技教師、照顧者與家長。

表3-1　Big6和Super3比較表

Big6（大六教學法）	Super3（超級 3 教學法）
定義問題 搜尋策略	計畫
取得資訊 利用資訊 統整	執行
評估	檢視

資料來源：翻譯自 https://thebig6.org/thebig6andsuper3-2

參、各種資訊素養教學模式的比較

　　以上列舉了在國內外較適合於中小學階段的資訊素養教學模式。各種模式出發點都是探究，探究是利用資訊解決問題過程中經常發生的事情，是每種模式都需要的過程，提供一個框架讓學生能獲得適當的資訊，以便解決問題完成探究，對於個人化學習和終身學習是很重要的。Kuhlthau 的兩種模式在形成問題前比較花時間在主題背景知識之建立，Eisenberg 的兩種模式強調的是取得、利用、整合資訊及科技之利用，Neuman 將資訊行為與四種類型的知識直接連接起來，在最後階段，學習者又產生新的問題，繼續不斷學習。每種模式的觀點略有不同（表 3-2），都提供步驟或階段的鷹架，為學習者建立堅實的研究策略。每個模式的教學設計也都強調圖書教師、導師、學科教師的協作，及使用規準表（rubric）的評量方式完成學習者的學習。

　　資訊素養教學模式包括從定義問題到整合和評估的一系列階段，適用於所有學科也融入相關資訊科技的學習。不論是圖資學者或教育專家提出的模式，每個模式包含一套步驟／行動，通過這些步驟／行動，使資訊彙編的任務變得有意義。它將資訊與科技技能之間的思想結合起來，以便進行資訊搜索、評估、處理和交流／傳播資訊，並以適當的方式呈現。一個成功的資訊素養學習與教學需具備三要素：資訊過程本身、科技、探究的是真正需求的問題，無論是在工作、教育或是個人都適用。

表3-2　各種資訊素養教學模式的比較

Big6 大六教學法	Super3 超級3 教學法	ISP 資訊尋求模式	Guided Inquiry 引導性探究模式	I-LEARN 確認、找尋、評估、應用、反思、融會貫通模式
定義問題	計畫	1. 開始	1. 啟動	1. 確認
		2. 選擇	2. 沉浸	
		4. 形成	4. 確認	
搜尋策略		3. 探索	3. 探索	2. 找尋
取得資訊	執行	5. 蒐集	5. 蒐集	3. 評估
利用資訊				4. 應用
統整		6. 呈現	6. 創造和分享	
評估	檢視		7. 評估	5. 反思
				6. 融會貫通

肆、資訊素養教學設計與評量

　　資訊素養融入教學是創新的思維與實踐行動為基礎的課程，目標是讓學生習得具備適應未來世界的資訊素養。這樣的課程是跨領域教師協作方式以解決真實情境問題出發，也是以探究方式融入課程的教學設計，不僅將現象觀察及議題探究做有意義的聯結，也將事實和概念的知識整合，並安排成一個連貫的整體的知識，課程設計將所有學習經驗做有意義的整合與深化，透過這樣的教學，學生能夠提升閱讀理解、寫作能力、資訊素養、資訊科技知識、學科知識、待人接物及溝通能力、表達能力、研究技巧、自主學習能力、

認知能力、解難能力與自信心。

　　美國學校圖書館員學會（AASL）於 2007 年頒佈的《21 世紀學習者之標準》（*Standards for the 21st-Century Learner*），包含學生能應用各種科技媒體，取得資訊以建立批判性思考和獲取知識的能力；學生能使用資訊，以得出結論、作出明智的決定，並在新形勢中利用知識以創造新知識；學生能分享知識，具備道德感和建設性參與民主社會發展；及學生能參與社群討論，以追求個人及審美能力的成長。資訊素養跨學科教學模式讓學生透過閱讀建立背景知識，經過探究、批判獲取知識，參與社群的討論，使用各種科技協助解決問題，最後創造新知識，此正是 21 世紀學習者應具備的能力，與教育部的核心素養相呼應。這個教學設計主要包含如下：

（一）領綱核心素養的描述：依據學習單元內容，從領綱中的「學習內容」、「學習表現」先挑出適當的項目，再進行改寫。

（二）學習目標：包括學習表現與學習內容，學習目標需在教學設計與評量中實現。

（三）使用的教材：包括書籍、期刊、年鑑、網路資源與實地參訪體驗。

（四）協作教師規劃：依探究主題規劃圖書教師、跨領域／學科教師／導師協作，各負責自己的專業，討論學生學習目標的主、輔教師權責與協作方式；協作教師課程內容、協作教師之時間分配及協調上課之場地與設備。

（五）Super 3 或 Big 6 執行：學生以 4 或 5 人為一小組，教師透過專業對話與分享，隨時修正並共同達成教學目標。學生透過資訊素養模式學習閱讀理解（摘要）、資訊搜尋、資訊的選擇與批判、整合資訊及資訊科技之利用。

（六）學生的評量：設計 rubric（規準表）的多元評量，包括學習

過程與學習成果。

茲舉 Big6 教學與學習成果評量的教學設計為例：

（一）定義問題教學步驟

1. 準備教材：教師選定適當的教材，包括閱讀材料，相關的多媒體素材時，準備一份 KWL 學習單，分為三欄，作為記載 KWL 之用；六合法及蛛網圖學習單也可用在此階段。

2. K、W、L 學習活動

（1）K（What do I Know?）：關於即將要學習的主題或議題，我知道什麼？代表學生的先備知識與舊經驗。K 這個活動主要是喚醒學生與教師教學內容有關的背景知識，作為下一步學習的基礎。教師可透過提問的方式協助學生思考並將相關背景知識記載於 K 這一欄。

（2）W（What do I Want to know?）：關於即將要學習的這個主題或議題，我想探究什麼？請學生思考「我想還要學習什麼」並記載於 W 這一欄位，也鼓勵學生主動提出問題，形成學習時關注的焦點與具體任務。學生針對自己所提出的問題，嘗試以閱讀、觀察、實驗、討論等各種方式提出問題。

（3）L（What did I Learn?）：這是在完成探究活動後，學生在學習過程中解決的待答問題。除了找到解決的問題外，也可讓學生述說在過程中學到的事項。

3. 六何法：除了 KWL 也可嘗試六何法，包括何人（人物）Who、何時（時間）When、何地（地點）Where、何事（做什麼）What、何故（為什麼）Why、如何（怎樣做／結果怎樣）How，可幫助學生整理問題和系統地思考。

4. 蛛網圖：將欲探究之主題置於中間，再將主概念與主題連線，次概念與主概念連線，呈現思路結構，確定日後要探究、搜尋的範圍。

（二）搜尋策略與取得資訊教學步驟

1. 教師詢問學生自己可以使用哪些與主題相關的資源？如書籍、期刊、網路資料、電子資料庫、影片、專家學者。這些資源哪一個是最適合自己使用的？

2. 教學生如何利用學校圖書館及公共圖書館線上公用目錄找到相關書籍。

3. 教師讓學生認識圖書館的十大分類。

4. 教導學生如何閱讀書籍的目次及索引找出相關資源？

5. 指導學生如何利用關鍵詞進行網路搜尋。

6. 指導學生如何取用網路資源，除了與主題相關外，需依據網路資源的精確性、相關性、正確性、權威性、及時效性來選取。

（三）利用資訊教學步驟

1. 從找到的文本、網頁或圖表中取得重要觀點。

2. 從不同資源中連結相似性和差異的觀點。

3. 使用各種方法來組織資訊（如：記筆記策略、圖形組織，和大綱）。

4. 依據 APA 格式撰寫參考文獻。

（四）整合教學步驟

1. 從不同的資源中整合所有資訊得到結論。

2. 整合新的資訊與先前的知識以創造出新的理解。如果成果是是一篇論文，首先要寫一個大綱。如果是製作 PPT 或多媒體，需先將主要論點和圖片分類。不同的成果格式需要

不同類型的架構。

（五）學習成果規準表評量設計

　　規準表（rubric）可以讓學生知道他們的作業是如何被評量，評量的向度與配分方式，提供學生學習的方向和回饋。對教師而言有更精準的辭彙，明確列舉出他們評分的準則，以及學生學習上的重點（史美瑤，2012）。學生的學習成果依據年級及主題有不同的作業形態，如海報、簡報、四格漫畫、辯論、實作成品、影片、小書、戲劇、藏書票、書籤、小論文等。規準表也可用於自我評量與同儕評量。

　　規準表設計的方式包含：1.評量向度：依據學習目標與學生的學習成果的呈現來撰寫，需清楚、明瞭和有意義的。如了解問題、蒐集資訊、口語表達等。2.表現等級的分數：通常有 3-5 個等級，如四等級分為優秀（4）、良好（3）、普通（2）、待改進（1）。3. 表現等級的敘述：與每個向度相關的特徵能清楚的描述每一級別需要達到的標準。如在蒐集資訊方面，得到 4 分的標準是蒐集許多資訊，且全部與主題相關。得到 3 分是蒐集一些基本資訊，大部分與主題相關。得到 2 分是蒐集非常少的資訊，其中有些與主題相關。得到 1 分是沒有蒐集任何與主題相關的資訊。

　　設計完成後，可請協同教師提供意見與回饋，根據這些意見，教師可以再修改調整規準表。在撰寫向度時要注意不能過度瑣碎細微，或是相關陳述的文字過於公式化，這樣有可能使學生只會依照所訂出的向度來完成作業，因而抑制了學生的創造力。

伍、結語

　　如今，資訊素養越來越被視為「一種由文化及其所處環境決定的社會實踐」（Abdallah, 2013），將媒體和資訊素養納入學科課程將是未來的趨勢（Virkus, 2013）。圖書館的教育以往注重講述，集中在對資訊資源和特定電子工具的了解（Streatfield, et al., 2010）而不是體驗式和建構式學習經驗。因此，應該擴大圖書館教育的範圍，使其成為協作性、包括資訊、媒體素養和積極互動的內容如在問題導向的學習、引導式探究架構、I-LEARN 與 Big 6 等模式。這些模式大致可以分為 5 個獨立的組成元素：規劃研究或提出問題；學生分組、對問題找出答案的研究模式；尋找資源如資料庫、紀錄片、網站、印刷品資源和專家；以有意義的方式表達所學到資訊，與摘錄引用的文獻。資訊素養探究式教學的模式很符合 108 課綱素養導向的跨領域／跨主題、脈絡化的情境學習。在過程中使用的批判性思考方法將蒐集到的資訊直接融入任何學科的教育課程中。目前越來越多的學生透過網路搜尋，教師需提供學生更多資訊素養的學習模式，運用各種資訊資源與策略來解決問題。學校圖書教師可以為學生提供改變其生活的有力工具。現在應該是學校圖書教師帶頭，與其他教師一起，改變教育者對探究的看法和教學方式的時候了，這也是目前資訊環境下需要資訊素養教學模式的原因。

參考文獻

史美瑤（2012）。提升學生學習成效：評估表格（Rubrics）的設計

與運用。評鑑雙月刊，*10*，39-41。https://teaching.ndhu.edu.tw/files/15-1095-50909,c8448-1.php

America Association of School Librarians. (2007). *Standards for the 21st-Century Learner*. American Library Association.

Abdallah, N. B. (2013). Activity framework for understanding information literacy. In S. Kurbanoğlu, E. Grassian, D. Mizrachi, R. Catts, & S. Špiranec (Eds.), *Worldwide commonalities and challenges in information literacy research and practice* (pp. 93-99), European conference on information literacy, ECIL 2013. Istanbul, October 22-25, 2013. Proceedings. (Communications in computer and information science, 492). Springer.

Abdullah, A., & Zainab, A. N. (2008). Empowering students in information literacy practices using a collaborative digital library for school projects. *Journal of Educational Media & library sciences, 46*(1), 5-29.

American Library Association. (1989). *American Library Association Presidential Committee on Information Literacy*. Final Report. ALA.

Anderson, L.W., Krathwohl, D. R. (2001). *A Taxonomy for learning, teaching, and assessing: A revision of bloom's taxonomy of educational objectives*. Longman.

Eisenberg, M. B. & Berkowitz, R. E. (1990). *Information problem solving: The Big Six skills approach to library & information skills instruction*. Ablex.

Eisenberg, M. B, & Berkowitz, R. (1999). *Teaching information & technology skills: The big6 in elementary schools*. Linworth.

Eisenberg, M. B., & Johnson, D. (2002). *Computer skills for information problem-solving: Learning and teaching technology in context*. ERIC Digest EDO-IR-96-04. ERIC Clearinghouse on Information and Technology.

Eisenberg, M. B. (2003). *The Big6 approach to information and technology literacy*. https://ssrn.com/abstract=3424860

Eisenberg, M. B. & Robinson, L. E. (2007). *The super3: Information skills for young learners*. Linworth Pub.

Eisenberg, M. (2008). Information literacy: Essential skills for the information age. *Journal of Library & Information Technology, 28*(2), 39-47.

Eisenberg, M., & Robinson, L. E. (2010). *Super 3 Webinar 2008*. https://documents.pub/embed/v1/super3-webinar-2008-mike-eisen berg-laura-robinson.html

IFLA, (2015). *Beacons of the information society: The Alexandria proclamation on information literacy and lifelong learning*. https://www.ifla.org/publications/beacons-of-the-information-soc iety-the-alexandria-proclamation-on-information-literacy-and-life long-learning/

Kuhlthau, C. C. (1985). *Teaching the library research process*. Center for Applied Research in Education. (2nd edition, 1994, Scarecrow Press)

Kuhlthau, C. C. (2004). *Seeking meaning: A process approach to library and information services* (2nd ed.). Libraries Unlimited.

Kuhlthau, C. C., Maniotes, L. K., & Caspari, A. K. (2007). *Guided inquiry: Learning in the 21st century*. Libraries Unlimited.

Kuhlthau, C. C., Maniotes, L. K., & Caspari, A. K. (2012). *Guided inquiry design®: A framework for inquiry in your school*. ABC-CLIO.

Kuhlthau, C. C, Maniotes, L. K., & Caspari, A. K. (2012). *Guided inquiry design*. https://www.ala.org/rt/sites/ala.org.rt/files/content/oversightgroups/comm/schres/endnotesvol4no1/review3-guidedinquirydesign.pdf

Grover, R., Blume, S., Dickerson, J., Fox, C., Kreiser, L., Lakin, J., Losey, B., McConkey, R., Schumacher, M., &Talab, R. (1999). Planning and assessing learning across the curriculum. *Knowledge Quest, 28*(1), 10-11, 13-16.

Lee, V. J., Grant, A., Neuman, D., & DeCarlo, M. J. T.(2016). Using I-LEARN to foster the information and digital literacies of middle school students. *Communications in Computer and Information Science 676*, 480-489. http://dx.doi.org/10.1007/978-3-319-52162-6_48

Loertscher, D. V., & Woolls, B. (1999). Information literacy: A review of the research: A guide for practitioners and researchers. Hi Willow Research & Publishing.

Lowery, J. (2005). Information literacy and writing: Natural partners in the library media center. *Knowledge Quest, 34*(2), 13-15.

Neuman, D. (2011). *Constructing knowledge in the twenty-first century: I-LEARN and using information as a tool for learning*. http://www.ala.org/aasl/sites/ala.org.aasl/files/content/aaslpubsandjournals/slr/vol14/SLR_ConstructingKnowledge_V14.pdf

Neuman, D. (2011). *Learning in information-rich environments:*

I-LEARN and the construction of knowledge in the 21st Century. Springer.

Palincsar, A. S. (1986). Metacognitive strategy instruction. *Exceptional Children, 53*(2), 118-124.

Streatfield, D., Allen, D. & Wilson, T. D. (2010). Information literacy training for postgraduate and postdoctoral researchers: A national survey and its implications. *Libri, 60*(3), 230-240.

Virkus, S. (2013, December). Information literacy in Europe: Ten years later. In *Worldwide Commonalities and Challenges in Information Literacy Research and Practice: European Conference, ECIL 2013, Istanbul, Turkey, October 22-25, 2013. Revised Selected Papers* (Vol. 397, p. 250). Springer

Walker, L. (2010). Super 3 research process. http://web.mac.com/larawalker/FinneytownLMC/Super3_Research_Process.html

Willer, D. & Eisenberg, M. B. (2014). Mapping educational standards to the Big6. In S. Kurbanoğlu, S. Špiranec, E. Grassian, D. Mizrachi & R. Catts (eds), *Information literacy, lifelong learning and digital citizenship in the 21st century* (pp. 82-90). Second European conference on information literacy, ECIL 2014. Dubrovnik, Croatia, October 20-23, 2014. Proceedings. (Communications in computer and information science, 492). Springer.

附　錄

附錄一　Super3 學習單

二年級動物報告

plan

1. 學生選擇一種動物，完成他們已經知道該動物的細節的資料。
2. 學生選擇兩個其他資訊來源來了解更多關於他們選擇的動物。

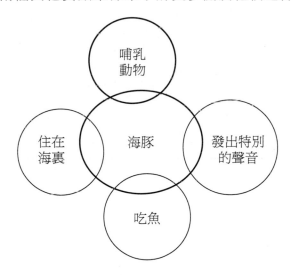

Do

1. 利用學生找到的資源或教師提供的資源，學生完成草稿大綱。
2. 學生利用草稿大綱寫出句子，然後把句子串連起來，以完成他們的報告。

我蒐集到的資訊有

□字典	□網路	□圖書	□教師
□圖畫書	□家人	□雜誌	□影片
□朋友	□百科全書	□報紙	□其他

草稿

你選擇哪一種動物？ 海豚	它是甚麼樣的動物？ 哺乳動物	這種動物吃甚麼？ 吃魚
這種動物住哪裡？ 海裏	這種動物的壽命有多長？ 15-27 歲	它是獨居或群居？ 群居
這種動物如何照顧他們的小孩？ 母親餵奶，其他女性幫助它	這種動物平常都做甚麼？ 玩、吃魚、游泳	請寫下三件事情有關你對這種動物的了解

Review

1. 學生與老師討論，編輯和修訂自己的作品。
2. 學生用圖片或圖表發表自己的報告。
3. 學生檢視自己的作品或其他同學的作品。

自我檢核表

項目	有	沒有
1. 我有遵照老師的指示		
2. 我找到我需要的所有資訊		
3. 我所有的問題都找到答案		
4. 我盡力完成我的任務		
5. 我有檢查我的作品是否有錯誤		

同儕評量

我最喜歡第＿＿＿組的作品

原因是

1. 他們的蒐集資料 □完整 □豐富 □種類多元 □其他 ＿＿＿＿＿＿

2. 他們的作品呈現方式 □創意 □活潑 □清楚易懂 □其他 ＿＿＿＿

3. 他們的表達技巧 □生動 □印象深刻 □脈絡清晰 □其他 ＿＿＿＿

我給他們的

讚美：--

建議：--

附錄二　Big6 學習單

一、Big6-1 定義問題

1. 縮小主題範圍倒三角圖形：從一般性的主題到特定的主題。

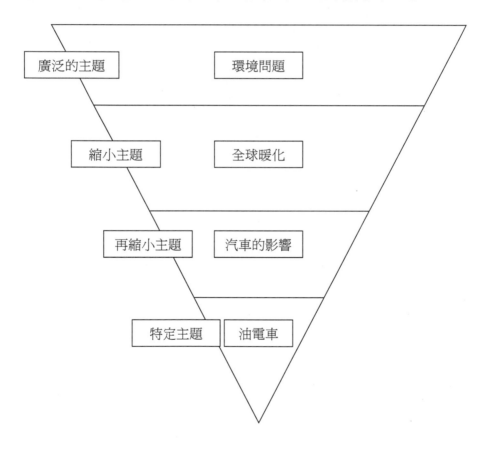

2. 可能的研究問題

_____

_____

_____

_____

3. KWL 表單

選擇一個你想研究的主題。在第一欄中，寫出你對這個題目已經知道的內容。在第二欄中，寫出你想探究有關該主題的問題。完成研究後，在第三欄中寫出你找到的答案及你學到的事項。

What I Know	What I Want to Know	What I Learned

4. 運用六何法找出與主題相關的問題：如臺灣食安風暴

六何法	範例
1. 何事——What	有哪些食物產生安全問題？ 造成什麼影響？
2. 何故——Why	為什麼會產生食安問題？
3. 何處——Where	什麼地方容易座落不肖工廠？
4. 何時——When	何時開始爆發食安問題？
5. 何人——Who	哪些人需要為了食安問題負責？ 有哪些人在此事件中受到傷害？
6. 如何——How	如何解決食安問題？

5. 蛛網圖

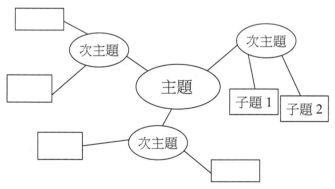

6. 檢核研究問題學習單

檢核項目	檢核結果	
1. 與主題相關性	□與主題相關	□與主題不相關
2. 價值性	□有價值研究	□無價值研究
3. 範圍	□適切	□過大 □過小

檢核項目	檢核結果	
4. 可行性	□可研究	無法研究原因： □時間 □經費 □資料來源 □其他_____

二、Big6-2/6-3 搜尋策略／取得資訊

1. 確定探究問題

_____

_____

_____

_____

2. 關鍵詞：（字或詞）

_____

3. Google 搜尋技巧

（1）某些關鍵詞時，使用【-】如海洋教育-廣告

（2）精準搜索某個關鍵詞時，使用【" "】如"海洋教育"

（3）要求搜尋的網站標題含有特定關鍵詞時，使用【intitle：關鍵字】

（4）想搜尋特定文件形式時，使用【filetype：檔案類型】如海洋教育 filetype：PDF

（5）想搜尋特定網站裡面的內容時，使用【site：網址】如海洋教育 site:org.tw

（6）搜尋某個國家／地區的關鍵詞內容，使用【location】如海洋教育 location：New Zealand

（7）利用「／」快速回到搜尋列

4. 主要的資訊資源學習單

資源類型	備註
書籍	□圖書館公用目錄□電子書
期刊	□數位資料庫□期刊網頁
報紙	□資料庫□報紙網頁
工具書	□資料庫
網頁	□蒐尋引擎□部落格□ podcast □其他...............
影片	□圖書館公用目錄□ youtube □資料庫□其他...............
統計	□資料庫□政府網頁
地圖	□圖書館公用目錄□ Google Map □其他...............
其他	

5. 網路資料檢核表

項目	細項	是	否
作者 （編輯者）	A.作者名字有呈現在網頁上 B.作者學經歷有呈現在網頁上 C.作者聯絡資訊有呈現在網頁上		
信度	D.資料文獻清楚陳述目的 E.作者或贊助者在此主題領域是權威專家 F. 資料文獻沒有性別、種族與宗教的偏見		
日期	G.資料的創作日期是近期且有更新		
網址評估	.edu、.gov、.org 優先		

項目	細項	是	否
內容	H.網頁上的題名告訴你網頁資訊 I. 資料的訊息對你有幫助 J. 與其他資源相比此資訊是正確的 K.此資訊可以提高或確認你對此主題的知識 L.此資料的圖片、照片、圖表與影片可以幫助你了解此主題		

6. CRAAP（Currency, Relevance, Authority, Accuracy, Purpose）檢查表

項目	是	否
即時性：資訊發部或出版的時間 資訊是否列出出版或張貼的日期？ 該資訊是否有被修正過或更新過？ 對於您的主題來說，這些資訊是最新的？ 網頁是否可連結？ **相關性：資訊符合你的需求之程度** 這些資訊是否與你的主題相關或有回答你的問題？ 是否有標示這個資訊的目標讀者？ 資訊的內容是否符合我的閱讀程度？ 你在選擇這個資訊之前是否看過其他各種資訊？ 你是否可以放心地使用這個資訊來做研究報告？		

（續）

項目	是	否
權威性：資訊來源		
作者／出版商／來源／贊助者是否有告知？		
是否提供了作者的資歷？		
作者的資歷或與機構的關係是否呈現？		
該作者的資歷是否適合撰寫這個主題？		
是否有提供連絡資訊，如出版者或電子郵寄地址？		
網址是否顯示有關作者或來源的任何資訊？如 .edu .org .gov		
精確性：內容的可靠性、真實性和正確性		
是否可看出資訊出自哪裡？		
這些資訊是否有證據支持？		
這些資訊是否經過審查或被推薦過？		
語言或語氣是否看起來有偏見，沒有感情？		
是否有詞句上、排版上的錯誤？		
目的性：資訊存在的原因		
這些資訊的目的是傳遞訊息？如告知、教育、販售、娛樂、說服		
作者／贊助者是否清楚表達他們的意圖或目的？		
資訊是事實、觀點而非宣傳？		
觀點是否客觀和公正？		
是否存在政治、意識形態、文化、宗教、機構或個人偏見？		

資料來源：修改自 Adapted from Juniata College for use at South Central College。

三、Big6-4 利用資訊

1. 康乃爾筆記法

整理欄	筆記欄
列出研究問題 將筆記欄內容以關鍵詞呈現	將閱讀內容重點寫下 掌握主要觀念即可 需要逐字記下
摘要（5-7 行）：重述重點並將自己的意見記下	
資料來源（按 APA 格式）： 網路聯結：	

2. 紀錄資訊的來源學習單

書籍	期刊	報紙	網路
作者	作者	文章名稱（年月日）	作者（年代）
書名	篇名	報紙名稱	文章名稱
出版年	期刊名	版面	網址
	卷期／年代		
頁數	頁數		

參考文獻格式產生器：https://wordvice.com.tw/citation-generator/webpage/apa7

四、Big6-5 統整

1. 緒論

＿＿＿＿＿＿＿＿＿＿＿＿＿＿＿＿＿＿＿＿＿＿＿＿＿＿＿＿＿＿＿＿

A. 研究問題背景資料敘述

＿＿＿＿＿＿＿＿＿＿＿＿＿＿＿＿＿＿＿＿＿＿＿＿＿＿＿＿＿＿
＿＿＿＿＿＿＿＿＿＿＿＿＿＿＿＿＿＿＿＿＿＿＿＿＿＿＿＿＿＿
＿＿＿＿＿＿＿＿＿＿＿＿＿＿＿＿＿＿＿＿＿＿＿＿＿＿＿＿＿＿

B. 研究問題＿＿＿＿＿＿＿＿＿＿＿＿＿＿＿＿＿＿＿＿＿＿＿＿＿
＿＿＿＿＿＿＿＿＿＿＿＿＿＿＿＿＿＿＿＿＿＿＿＿＿＿＿＿＿＿
＿＿＿＿＿＿＿＿＿＿＿＿＿＿＿＿＿＿＿＿＿＿＿＿＿＿＿＿＿＿

2. 第一個子問題

＿＿＿＿＿＿＿＿＿＿＿＿＿＿＿＿＿＿＿＿＿＿＿＿＿＿＿＿＿＿＿＿

　　A.＿＿＿＿＿＿＿＿＿＿＿＿＿＿＿＿＿＿＿＿＿＿＿（第一個觀點）
　　（1）＿＿＿＿＿＿＿＿＿＿＿＿＿＿＿＿＿＿＿＿（佐證資料文獻）

（2）＿＿＿＿＿＿＿＿＿＿＿＿　＿＿＿＿＿＿（佐證資料文獻）

　　B.＿＿＿＿＿＿＿＿＿＿＿＿＿＿＿＿＿＿＿＿（第二個觀點）

（1）＿＿＿＿＿＿＿＿＿＿＿＿＿＿＿＿＿＿（佐證資料文獻）

（2）＿＿＿＿＿＿＿＿＿＿＿＿＿＿＿＿＿＿（佐證資料文獻）

3. 第二個子問題（按照前面格式撰寫）

4. 第三個子問題（按照前面格式撰寫）

5. 第四個子問題（按照前面格式撰寫）

6. 結論：重述論文的主要觀點與回答研究問題的敘述。

五、Big6-6 評估

1. 自我省思學習單

項目	完全同意	有點同意	有點不同意	完全不同意
1. 在開始報告前，已清楚理解我們的課題				
2. 我們有利用最有效的資源				
3. 所蒐集的資訊都是我們需要用的				
4. 過程中，有作筆記				
5. 筆記的內容能讓人理解				
6. 正確的記錄參考文獻				
7. 完成的作品符合原先的期望				
8. 有效率的管理使用的時間				
9. 對我們的成品感到驕傲				

（1）我覺得我這次做的最好的部分是什麼？＿＿＿＿＿＿＿＿＿＿

（2）下次再做同樣主題我會有哪些不一樣？＿＿＿＿＿＿＿＿＿＿

2. 學習成果評量

向度	優 3 分	良 2 分	再努力 1 分	得分
研究問題	構建一個深思熟慮和創意性的問題，是需要有挑戰性的研究。	構建一個涉及挑戰性研究的重點問題。	使用一個較少創意性思維和極少研究的問題。	
找到和評估資訊資源	收集大量的資訊且有明確的評量標準。使用各種形式的權威資源	收集足夠的資訊且有明確的評量標準。至少有找到兩種形式的權威資源。	收集的資訊最少且與問題的關連性較弱。很少注意資源的權威性。	
研究報告	從收集到的資訊得出結論顯示出洞察力。資訊組織的很好以支持結論	從資訊中得出結論。資訊有條理。表現出處理問題的技巧	研究沒有得出結論和收集的資料與主題較無關係。缺乏組織性	
呈現方式	向特定的觀眾傳達有說服力的想法。在藝術上和技術上表現出對媒體的精確和有效使用。	向特定的觀眾傳達思想。有效利用媒體。	傳達的資訊較少。文章格式有錯誤。	
參考文獻引用	使用標準的引文格式（如 MLA 或 APA）提供來源資訊。包括以標準樣式格式提供的參考文獻清單。	使用標準的引文格式（如 MLA 或 APA）提供來源資訊但有一些錯誤。包括較少參考文獻資料的清單。	部分資料未包含引文。包括不完整的參考來源清單。文獻格式有技術性錯誤。	

（續）

向度	優 3 分	良 2 分	再努力 1 分	得分
自我評量	對研究過程或成果進行深思熟慮的反思。包括需要改進的地方和／或未來的研究。	對研究過程和作品進行反思，並確定需要改進的地方。	對研究過程或作品的反思較少。沒有發現需要改進的地方。	
總分				

3. 海報規準表評量

項目	優 5 分	很不錯 3 分	再努力 1 分	總分
海報外觀	海報吸引觀眾注意力 文字在適當距離可以閱讀 海報條理清晰容易理解 海報看起來很有吸引力	海報條理清晰容易理解 文字在適當距離無法閱讀	海報無法吸引觀眾注意力 海報無法具焦不容易理解	
內容	清楚描述問題 內容清楚易懂 結論表達清楚	清楚描述問題 內容不太清楚易懂 結論未表達清楚	未清楚描述問題 內容不清楚 結論表達不完整	
演示	報告者時間掌握的適當 報告者說話清晰、明確清楚，並且聽眾建立眼神交流	報告者時間超過預定時間 報告者說話清晰、明確清楚，但未與聽眾建立眼神交流	報告者時間太長或太短 報告者說話不清晰也未與聽眾建立眼神交流	

（續）

項目	優 5 分	很不錯 3 分	再努力 1 分	總分
圖表利用	所有圖形都是與該主題相關且易懂	部分圖形與主題相關	主題與圖形不相關	
參考文獻	所有來源（資訊和圖形）都有準確記錄且依照 APA 格式紀錄	所有來源（資訊和圖形）都有準確記錄，但有些有格式上的錯誤	一切來源未依據 APA 格式記錄	
			總分	

規準製作網站 http://rubistar.4teachers.org/index.php

第四章　國小低年級資訊素養教學實務 ——以「認識越南」課程為例

壹、課程發展的動機

　　閱讀是所有學習的基礎，閱讀力是成功達成學校學習和適應未來生活的關鍵指標，從終身學習的觀點而言，閱讀不僅是解碼、理解，更是詮釋和發展新的見解（American Association of School Librarians, 2007）。基此，小學階段培養閱讀能力，不僅能奠定孩子日後學習的基石，更是送給孩子打開世界之窗的鑰匙。然而，隨著時代的進展，孩子面對不斷快速增加的海量資訊，假消息和假新聞充斥的年代，學生的閱讀能力，不能只停留在解碼、理解，更要學習如何判讀資訊、利用資訊，能根據資訊來推論以做出決策，並能在新情境中應用和和創造新知識。此外，因應 12 年國民基本教育（以下簡稱 12 年國教）的實施，更加注重學生自主學習、主動探究的能力，孩子的閱讀素養更須從讀得多、讀得懂，向前邁進到 3.0，在大量閱讀、閱讀理解的基礎之下，開展探究、思辨以及建構知識的能力。閱讀課程不只是要培育熱愛閱讀的讀者，更是要養成有思辨能力的思考者、嫻熟探究技能的研究者、合理使用資訊的探究者，成為數位世界具備資訊素養的新世代。

　　為落實培育資訊素養新世代的理念，萬興國小以「閱讀素養 3.0：從大量閱讀、閱讀理解到探究學習」為目標，於低年級實施「認識越南」主題探究，融入於原有的「喜閱萬興」課程，運用 Super 3

教學模式培養資訊素養，期許能以閱讀力為弓，以探究力為箭，讓孩子們打開世界的窗，飛得更高更遠。

貳、課程發展的脈絡

「認識越南」是資訊素養導向的探究課程，以下依序說明課程實施的對象、時間、地點、授課者以及實施程序。

一、實施對象

萬興國小成立於 1987 年，座落於臺北市文山區，佔地 12,627 平方公尺，全校普通班 30 班、資源班 2 班、幼稚園 2 班，共有 832 名學生，教職員工 86 人，屬中小型學校。校方因應 12 年國教的核心素養，自 109 學年度更新校訂特色課程，包括了生活達人、智能探索、向上任務、喜閱萬興、語文變聲秀、表藝探索、Hello 萬興、Tech 萬興、創客任務、專題探索、Fun 眼看世界課程，校訂課程架構如圖 4-1（萬興國小，2020）。

在低年級方面，以「喜閱萬興」為學校自編的閱讀課程，課程目標涵蓋閱讀素養、圖書館素養，近年來朝向自發、互動、共好的願景前進，更加重視學習的歷程、方法及策略，強調學生整合活用、實踐力行的能力。由於本課程乃於二年級下學期實施，適逢喜閱萬興的「都是一家人」單元，學習目標是欣賞和尊重世界各地多樣的文化特色，故結合多元文化議題發展資訊素養課程，期許帶領孩子們從閱讀力深化到探究力。

圖 4-1　萬興國小校訂課程架構圖

萬興國小校訂課程架構圖

課程願景	適性揚才 終身學習		
學校願景	鄉土心	萬興情	世界觀
學校願景	自 發	互 動	共 好
課程願景	自信成長 積極學習 創意思考	和諧互動 溝通分享 卓越創新	科技運用 終身學習 世界接軌
核心素養	自主學習	溝通互動	社會參與
校訂課程	文山風情	多采校園	大千世界
	・生活達人(中) ・智能探索(中高) ・向上任務(高)	・喜閱萬興(低) ・語文變臉秀(中) ・表藝探索(高)	・Hello 萬興(低) ・Tech萬興(低) ・創客任務(中高) ・專題探索(高) ・Fun眼看世界(高)

資料來源：臺北市文山區萬興國民小學 109 學年度課程計畫/課程架構。檢自 https://drive.google.com/drive/folders/1s0Rlu_HEtS6WNet4L23z5-gFQ4w94Jnm 頁三-4

　　原有的「都是一家人」學習單元內容涵蓋臺灣原住民、印度、泰國、美國、越南的美食和服飾文化，並提供訪問單讓學生練習統整訊息和分享成果。教師團隊考量社區內隨處可見的越南小吃，校內同學的家長也有來自越南，以及即將開設的越南語課程，故選擇以「認識越南」為探究的主題，不僅貼近孩子們的經驗世界，並期許學生具備包容、尊重與欣賞多元文化，具備國際視野。

　　本課程以臺北市萬興國小二年級一個班級為實施對象，共計 27 名學生（S1-S27），分別是女生 11 位、男生 16 位，年齡介於 8-9 歲之間。學生們的先備學習經驗是習慣在課堂上閱讀繪本，會運用重述故事策略來分享閱讀，已習得圖書的十大類別，能獨立選書和

借還書，經常參與圖書館主題書展、與作家有約等活動，並已完成班訪公共圖書館，但未曾學習特定主題的探究歷程。

二、實施的時間、地點與協同授課者

「認識越南」的課程於 109 學年度共實施 7 週 8 節課，每節課時為 40 分鐘。主要的實施地點是班級教室（6 節），其次是圖書館，包括 2 節正式課，以及午休、下課時間的閱讀活動和個別討論。協同授課的教學團隊由三位教師組成，分別是生活課程教師（以下簡稱生活課老師）1 位、學校圖書館館員（以下簡稱館員）1 位、班級導師（以下簡稱導師）1 位。授課內容的分配以生活課老師、館員為主，兩者共同備課之後再諮詢導師意見，以符合學生的先備經驗，以及兼具教學的流暢性，課程重點聚焦在資訊素養的閱讀力、探究力兩大面向。

三、實施程序

本課程以 Super3 為資訊素養教育的實踐模式，涵蓋前、中、後三階段，分別是計畫（Plan）、執行（Do）、評估（Review）。首先在計畫階段，學習者須確認探究的主題、提出合理的疑問、規劃探究成果的形式，以及需要哪些資訊才能完成探究，相當於 Big6 的定義任務（Task Definition）、資訊搜尋策略（Information Seeking Strategies），但考量低年級的先備知識不足，由教師團隊依據學生的學習回饋，以及文本的脈絡，共同選擇閱讀素材，聚焦在越南主題，結合閱讀理解策略，以達到概念的建構，進而發現問題，據以確定探究的主題。

其次是執行階段，學習者可運用閱讀、訪談、觀察或調查等策略以獲取答案，統整多方資訊，製作成果並分享，相當於 Big6 的取得資訊（Location and Access）、利用資訊（Use of Information）和統整資訊（Synthesis）；最後是評估階段，包括學習者的自我反省，檢視探究過程的達成度和滿意度、還有什麼事項需完成等，相當於 Big6 的評估（Evaluation）（Big6, 2020）。

　　本課程以 Super3 的三階段為依據，並考量校本閱讀課程的主題和資源，以及二年級學生未有探究課程的先備經驗，協調後的「認識越南」課程實施三階段程序，詳如圖 4-2。

圖 4-2　「認識越南」課程實施程序

　　由於二年級學生對於越南文化的背景知識不足，不容易提出適切的探究主題，而喜閱萬興課程原已有閱讀多元文化繪本的教學設計，教學團隊秉持著深化既有課程的精神，而不是增加額外的負擔，故因應教學情境，微調 Super 3 的計畫階段，專注閱讀三本越南文化繪本，建立先備知識，閱讀後透過 KWL 策略引導孩子提出合理的問題，據以確認探究的主題，共計實施 4 節課。緊接著是執行階段，由學生檢視自己的提問，教師從旁輔助，依據主題分組，提出更加聚焦的問題，擬定訪談大綱訪問來自越南專家；訪問之後，學生須統整訊息並製作海報，整組上台發表成果，共計 3 堂課。最後是評估階段，師生運用評分表和檢核表，以 1 堂課時間評估學習的

成果，並檢視學習歷程，省思自己的表現。

參、教學設計

　　「認識越南」課程是以校本閱讀課程為基礎，培養學生對多元文化的同理和尊重，並運用 Super3 資訊素養實踐模式為探究歷程，以下就教學理念、教學主題、教學活動流程依序說明。

一、教學理念

　　本課程旨在透過閱讀來認識世界各地文化的豐富與多樣性，考量校內情境以越南為例，學生首先運用多文本的閱讀素材充實背景知識，結合閱讀策略以提出探究主題；其次是依據訪談大綱訪問越南專家，以獲取第一手資料，統整各種訊息後呈現學習成果；最後是檢視自己的學習歷程，省思學習方法。期許透過 Super3 三階段的探究歷程，不只是增加學生的越南知識和資訊素養技能，更能促進學生理解到不同文化共存於社會的事實，培養追求實質平等的跨文化素養。

二、教學主題

實施年級	二年級	設計者	曾品方
主題名稱	認識越南	總節數	8 節
領域	國語領域、生活課程		
議題	閱讀素養、多元文化教育		

學習重點	學習表現	5- Ⅰ -7 運用簡單的預測、推論等策略，找出句子和段落明示的因果關係，理解文本內容。 5- Ⅰ -8 認識圖書館（室）的功能。 5- Ⅰ -9 喜愛閱讀，並樂於與他人分享閱讀心得。	核心素養	國-E-B1 理解與運用國語文在日常生活中學習體察他人的感受，並給予適當的回應，以達成溝通及互動的目標。
	學習內容	Ba-I-1 記敘文本的順敘法。 Ca-I-1 各類文本中與日常生活相關的文化內涵。 Cb-I-1 各類文本中的親屬關係、道德倫理、儀式風俗等文化內涵。		國-E-C3 閱讀各類文本，培養理解與關心本土及國際事務的基本素養，以認同自我文化，並能包容、尊重與欣賞多元文化。

學習目標	一、 在圖書館利用方面：能參與多元文化主題書展、完成閱讀存摺的指定項目、辨識越南文化書籍的類別、取用越南文化相關的各類館藏資源。 二、 在閱讀理解方面：能運用推論、提問、KWL 策略，增強閱讀理解，認識越南文化的豐富與多樣性，以確認探究的主題。 三、 在訪談技巧方面：訪談越南專家之前，能應用學習過的策略來取得和利用資訊，擬定訪談大綱；訪談時能仔細聆聽、有禮貌、音量適中；訪談後統整資料，有條理呈現訪問結果。 四、 在探究學習方面：能評估自己的探究學習之過程和表現。

（續）

教學活動簡述	一、計畫階段（共 4 節） （一）閱讀文本建立知識（3 節） （二）確認主題（1 節） 二、執行階段（共 3 節） （一）取用資訊擬定訪談大綱（1 節） （二）訪問越南專家（1 節） （三）統整資料、製作海報和上台分享（1 節） 三、評估階段（共 1 節） ■我的學習歷程（1 節）

三、教學活動流程

流程	教學活動內容	評量方式
一、 計畫 階段 （4 節）	（一）閱讀文本建立知識（共 3 節） 1. 閱讀《蘋果甜蜜蜜》（1 節） （1）準備活動—朗讀引起動機、激發共鳴 ・書籍介紹：《蘋果甜蜜蜜》是透過小女孩小惠的角度，描述來自越南的母親學習中文的歷程，全書以小女孩純真的口吻娓娓道來，母親如何從一邊看一邊寫歪歪扭扭的中文，一直到自己能獨立寫好中文，故事情節發展流暢，文字精煉，畫風柔和，人物傳神又留有餘韻。 ・朗讀激發共鳴：生活課老師朗讀故事，運用充滿感情的聲音，帶領孩子進入小惠的世界，以激發情意上的認同共鳴，引起孩子們對於越南文化的學習動機。	

（續）

流程	教學活動內容	評量方式
	（2）發展活動─融入推論策略、啟發同理心 ・推論策略：發下閱讀單，運用三段式向上升階的圖像化設計，引導學生推論小惠媽媽學習中文的過程，歷經了哪三個階段，並從繪本找出能代表每一階段的句子和出處。習寫「首先、其次、最後」承接複句的句型，以強化學生推論主角中文進步的歷程。 ・連結自我經驗：比較自己的和小惠媽媽的學習過程，有什麼相同和差異，以口述表達。運用溫馨的故事，連結學習經驗，感受新移民適應臺灣環境的不容易，啟發同理心。 （3）綜合活動─肯定學生的表現、鼓勵閱讀相關資料 教師收回閱讀單，統整《蘋果甜蜜蜜》的情節發展和新住民學習中文的努力過程，引導學生理解不同文化情境的差異，鼓勵閱讀相關資料，尊重各種文化的特色。 2. 閱讀《回外婆家》（1 節） （1）準備活動─展現豐富的越南文化，引發好奇心 ・書籍介紹：《回外婆家》是以中、英、日、越、印、泰、緬七國語言出版的多元文化繪本，描寫小女孩陪媽媽回越南家的所見所聞，透過小女孩的視角，娓娓道出越南的生活日常，例如三輪車、摩托車、咖啡、三明治、國服、婚禮，以及民間故事等，展現出豐富的越南文化。 ・多文本脈絡：本書正好銜接上一本《蘋果甜蜜蜜》的結局，小惠和媽媽提著蘋果回越南的畫面，適時引發學生的好奇心。 （2）發展活動─提問策略融入小組合作學習 ・推論策略：由於《回外婆家》的故事長且訊息量大，教學時間又有限，並考量低年級孩子生活經驗，故聚焦在越南早餐三明治，運用提問策略融入小組合作學習，專注在第一層次事實型問題的提問。	口頭評量 紙筆評量 《蘋果甜蜜蜜》閱讀單詳如附錄1 口頭評量 紙筆評量 《回外婆家》討論單詳如附錄2

（續）

流程	教學活動內容	評量方式
	・朗讀和討論：先由生活課老師分段落朗讀故事，視孩子們反應而稍作停頓並解釋文意，再由館員發下討論單，引導學生分組討論，根據文本確認關鍵段落和詞語，營造師生豐富對話。 ・發想探究的主題：教師們運用示範說明、同儕討論和書寫練習，引導孩子們統整概念，擷取文本中細節的描述，鼓勵發想探究的主題。 （3）綜合活動─提取事實概念進而發現問題 ・提問進階：根據學生討論的情形，教師適時引導學生從事實型問題進階到推論型的問題，並應用上一堂課學到的「承接句」以增強理解文意，確認探究的主題。 ・主題書展：團隊教師於圖書室提供「多元文化」主題書展，鼓勵學生自由參加。 3. 閱讀《提蒂安的禮物》（1 節） （1）準備活動─閱讀體驗越南小女孩的一天生活 ・書籍介紹：《提蒂安的禮物》從清晨的水上市場開始，揭開越南日常生活的一天，透過小女孩提蒂安和母親、鄰居、顧客、父親的互動和對話，讀者可以經歷越南特色的小船、紅毛丹、傳統市場、越南法式三明治、斗笠長衫、腳踏車等。 ・多文本脈絡：本書故事情節呼應《回外婆家》的越南文化，在寫作格式方面，大量運用因果句、條件句、並列句等，延伸了《蘋果甜蜜蜜》的句型。 （2）發展活動─強化背景知識、奠定主題探究能力 ・分段朗讀和釋意：生活課老師分段落朗讀故事，並穿插解釋書中的各項越南小知識，建立學生初步的文意理解。 ・概念圖建構知識：館員發下概念單，示範本書的核心概念是越南，依據故事情節發展的順序，可提取六大項主題概念，依順時針排列成概念圖，再由大主題（上位）概念細	口頭評量 紙筆評量 《提蒂安的禮物》概念單詳如附錄3

（續）

流程	教學活動內容	評量方式
	分小（從屬）概念，例如水上市場是上位概念，從屬概念則包括了船、水上賣東西，館員示範後由學生自己完成，也可以和同學討論後完成概念圖。 （3）綜合活動─深化推論策略以發展探究能力 ・教師著重建構孩子概念分類的能力，引導辨識上位概念、從屬概念的關係，並整合相似的概念，透過推論策略並輔以有結構的圖像化，引導學生發展探究的能力。 （二）確認主題（1節） （1）準備活動─說明 KWL 策略的好處 ・閱讀三本越南文化的繪本之後，發下 KWL 策略單，為學生介紹 KWL 的用法和好處，以協助找出想要探究的主題。 （2）發展活動─發想探究主題 ・K（What do I know?）已知：教師提供書本和閱讀單，讓孩子冉次翻閱瀏覽，引導回想閱讀的內容，以喚起學生的背景知識，選取自己感到興趣的主題，羅列的主題可以多樣化，但都須註記資料來源，用書名第一個字來標示即可。 ・W（What do I want to know?）想知：學生檢視已經學到的主題，針對自己最感興趣、最好奇的一項主題，列出想要訪談越南專家的內容。 ・L（What did I learn?）學到：將於執行階段才能完成。 （3）綜合活動-確認探究的主題，協調小組成員 根據 KWL 的 L（想知道）的主題分布，師生共同討論探究主題的適切性、歸納概念、分配時間，取得共識後，全班共分為 5 項主題，依序是水上市場、服裝、食物、語文、交通工具，每個主題為 1 組是 4-7 名學生。	口頭評量 紙筆評量 KWL 策略單詳如附錄 4

（續）

流程	教學活動內容	評量方式
二、 執行 階段 （3節）	（一）取用資訊擬定訪談大綱（1節） （1）準備活動—期待越南專家的解說 · 教師說明來自越南的專家將於下堂課為大家解說越南知識，從紙本閱讀到真人面對面，營造期待的氛圍，激發學習的動機。 （2）發展活動—擬定訪談大綱 · 取得和利用資訊：發下三本繪本、閱讀單、討論單、概念單、KWL策略單，小組成員來來回回檢視共同的文本和各自的筆記，整理相關的概念，協調刪去重複提問，專注聚焦在探究的主題，最終提取出小組訪談的最相關資料，擬定訪談大綱，寫在訪問單。 · 統整資訊：小組討論後共同完成訪問單，每組訪問單有2道題目，教師引導學生在主題之內提問，訪問題目不離題，且充份應用閱讀建立的背景知識，進而練習訪談的技巧。 （3）綜合活動—促進學習 · 教師總結：在同學們擬定訪談大綱的歷程之中，老師在各組觀察討論，適時協助，但不指定題目，也不指定小組如何分工，只有建議任務分配的項目，希望同學們不只是學習知識內容，更學到溝通協調和團隊合作。 （二）訪問越南專家（1節） （1）準備活動—訪談的情境 教師於課前把學生閱讀的書單、探究主題和訪問題目寄給越南專家，提供專家備課參考，如下： · 水上市場組：船上的水果那麼多，為什麼船不會沈？如果水上市場的水果掉到水裡，該怎麼撿呢？ · 服裝組：越南結婚為什麼不先戴戒指，而是戴項鍊呢？越南的傳統服裝除了長衫，還有其他的服裝嗎？	訪問單——以水上市場為例，詳如附錄5

（續）

流程	教學活動內容	評量 方式
	・食物組：春捲除了有燒肉、青菜、蕃茄、洋蔥之外，還有什麼材料呢？在越南的三明治價錢是臺幣幾塊錢呢？ ・語文組：越南的打招呼方式是什麼？男生和女生的打招呼方式不一樣嗎？ ・交通工具組：坐三輪車要付錢嗎？如何叫三輪車？ 教師開場，介紹越南專家的背景、越南情境的布置，以及提醒學生做好訪問的準備。 **（2）發展活動─聆聽、訪問和紀錄** ・聆聽：學生聆聽越南專家分享越南文化，包括地理位置、國旗典故、特色食物、傳統服裝、日常生活等。 ・訪問：學生依據訪談大綱，分組依序訪問越南專家，每一組由 1 位同學負責提問，當別組訪問專家時，其他組同學們同時也須聆聽。 ・紀錄：各組同學分工紀錄訪談結果。 **（3）綜合活動-體驗越南文物** ・體驗：越南專家提供許多越南文物，例如：傳統服飾、三輪車模型、腰果、文物吊飾、斗笠等，教師引導學生體驗越南文物，並可進一步請教專家。 教師總結今天的各組訪問內容，引導學生向專家致謝，合影留念。 **（三）統整資訊、製作海報和上台分享（1 節）** **（1）準備活動─統整資訊呈現在海報** 訪問專家之後，學生須再次統整訊息、運用資訊製作海報，作為成果分享的依據。教師提醒學生可再次翻閱繪本，檢視之前的閱讀單、討論單、概念單、KWL 策略表等，並完成 KWL 策略表的 L，統整自己的學習收獲，以取用相關概念，融入到成果海報。	

（續）

流程	教學活動內容	評量方式
	（2）發展活動—上台分享與評量時間 依組別順序，上台分享主題探究的成果，每組 3 分鐘、觀眾提問 1 分鐘、轉場 1 分鐘，教師發下學習成果評分表。 ・評量方式：學生自評、同儕互評、教師評分。 ・評量規準：能應用閱讀資料、能發揮訪問技巧、海報呈現清楚易懂、報告時的語調輕重快慢和時間長短恰當、整組能分工合作。 ・評分量表：5 分非常棒、4 分很好、3 分還不錯、2 分普通、1 分要加油。 **（3）綜合活動—省思和回饋** 教師總結今天的各組報告的表現，收集學生自評、同儕互評、教師評分三種評分表，作為下一個階段（評估）之用。	學習成果評分表詳如附錄 6
三、 評估 階段 （1節）	**■我的學習歷程（1 節）** **（1）準備活動—提供學習資料，喚起舊經驗** 教師提供三本繪本、閱讀單、討論單、評分表等資料，說明整體課程的三階段，依序是計畫、執行、評估。本節課在評估階段，將討論和完成「自我檢核表」，發下學習歷程自我檢核表。 **（2）發展活動—自我檢核學習歷程** 教師發下「學習歷程自我檢核表」，說明學習歷程可分為三面向，每個面向都有 4 項主題： ・圖書館利用：主題書展、閱讀存摺、特定主題書籍的類別、館藏資源類型的運用。 ・閱讀策略：推論（找支持理由）、提問（事實型問題）、推論（形成概念）、KWL 策略 ・訪問技巧：訪問前的仔細閱讀資料；訪問前的歸納分類題目；訪問時的仔細聆聽、有禮貌、音量適中；訪問後的整理資料，有條理清楚表達訪問結果。	學習歷程自我檢核表詳如附錄 7

（續）

流程	教學活動內容	評量方式
	（3）綜合活動—學習歷程的困難之處和解決方法 除了上述的圖書館利用、閱讀策略、訪問技巧三方面的學習之外，請同學們回想在這次的探究學習過程中，是否有以下的情形，並寫在檢核表之內： ・在「認識越南」的探究學習過程中，我遇到了哪些困難。 ・我如何嘗試去解決這些困難。 ・下一次做探究學習時，我如何改進，讓探究做得更好。 教師總結說明「認識越南」資訊素養課程三階段（計畫、執行、評量）的探究歷程。	

　　為建構學生的背景知識，本課程於計畫階段，教師團隊運用補充式多文本（complementary texts）的原則（Hartman & Allison, 1996），導讀三本繪本，分別是《蘋果甜蜜蜜》、《回外婆家》、《提蒂安的禮物》，聚焦在越南文化。三冊繪本在故事脈絡方面，首先呈現是臺灣的越南新住民溫馨母女情，其次是孩子和家人回到越南外婆家的所見所聞，最後是越南小女孩在水上市場的一天生活。三者在角色設定、情節發展、場景安排三方面，前後呼應、循序漸進的脈絡，適合為二年級孩子建立越南文化的背景知識，輔助學生確認探究的主題。

　　考量教學時間有限，且為提供學生更多的學習機會，教室團隊於圖書館策劃多元文化的主題書展，涵蓋不同國家的主題書籍和情境營造，融入圖書資訊利用教育。在越南文化方面，除了上述三本繪本之外，也包括了《西貢小子》、《我的小寶貝：一個越南媽媽的心情故事》等圖書、雜誌，以及相關文物等各類型學習資源，鼓勵學生自主閱讀或體驗情境，以拓展學習經驗，強化背景知識。

執行階段的訪問越南專家是孩子們最期待的學習活動，我們邀請來自越南，在臺灣生活多年的越南語陶老師，接受五組小朋友的訪問。陶老師針對孩子們的問題，事先已準備了越南的服飾、食物、三輪車模型等相關文物和簡報，當天為孩子們一一講解，並接受小朋友的訪問。

　　教師團隊觀察到各組的每一位同學，有人擔任提問者、有人負責紀錄、有人整理資料，各組不只是專注自己的題目，同時也聆聽其他組別的訪問和陶老師的說明。課堂中的每一位學生目不轉睛，非常專心學習各種越南文化的知識，孩子們學習越南語，一字一句跟著練習，並配合不同動作，全班都沈浸在專注的學習氛圍之中。

　　考量低年級孩子的科技能力有限，本課程以書面海報來展現學習成果，著重在閱讀理解、主題統整、口語表達、團隊合作等能力。

　　當各組成員站在台上之時，有人展示成果、有人講解、有人傳遞訊息，呈現小組合作的好默契，而此時在台下的同學們，也要聚精會神的聆聽，依據評分表，為每一組和自己的表現，提供回饋。

　　綜上所述，孩子們歷經 Super3 模式的計畫、執行、評估三階段，透過閱讀強化背景知識，據以確認主題，運用閱讀策略和研究技能完成訪談，統整資訊呈現成果，進而檢核自我學習歷程，奠定探究學習的基礎，朝向資訊素養邁進。

肆、課程檢核

　　課程檢核分別從學生的學習歷程評估、學習成果評估，以及教師協同教學省思三方面，依序為文說明。

一、學習歷程評估

　　為了解學生的資訊素養學習情形,本課程調查 27 位學生的自我評量,以下就圖書館利用、閱讀策略、訪問技巧三方面,如圖 4-3,依序說明。

圖 4-3　資訊素養教育的三面向分析圖

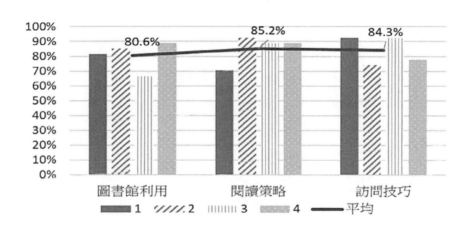

　　在圖書館利用方面,本課程著重在 1.主題書展、2.閱讀存摺、3.特定主題書籍的類別、4.館藏資源類型的運用,調查發現學生對於館藏資源類型最為了解(88.9%),但是對於多元文化書籍類別的辨識最弱(66.7%)。

　　在閱讀策略方面,教學設計融入 1.推論(找支持理由)、2.提問(事實型問題)、3.推論(形成概念)、4.KWL 四種策略,其中以擷取關鍵詞來提問事實型問題,最多孩子認為已學會(92.6%),而推論策略的找支持理由則最少(70.4%)。

在訪問技巧方面，學習重點包括了 1.訪問前的仔細閱讀資料、2.訪問前的歸納分類題目；3.訪問時的仔細聆聽、有禮貌、音量適中；4.訪問後的整理資料，有條理清楚表達訪問結果。調查顯示有92.6%的孩子認為自己在訪問前能仔細閱讀資料，訪問時能有禮貌，但是對於訪問前的題目歸納分類，只有 74.1%表示自己有做到。

　　整體而言，本課程資訊素養教育的三面向，以閱讀策略（85.2%）最為孩子們熟稔，其次是訪問技巧（84.3%），最後則是圖書館利用（80.6%）。

　　有關學習歷程的評估，除了上述的圖書館利用、閱讀策略、訪問技巧三面向之外，教學團隊也關注孩子們在探究學習過程中，是否有遇到何種困難、如何解決，以及如何讓自己學得更好。調查發現，59.3%（16 位）的孩子表示沒有困難，理由包括學習的專注度、理解力、主題概念、練習表達等，例如：

　　　　沒有困難，因為我很專心聽（S22）
　　　　沒有困難，因為我讀得懂書（S26）
　　　　沒有困難是因為小陶老師有說中文（S01）
　　　　沒有困難，要先去想問題，再練習怎麼訪問（S29）

　　另一方面，33.3%（9 位）孩子能具體指出學習的困難和解決的方法，包括閱讀資料不易、探究主題的形成和執行步驟複雜、表達能力未成熟三面向，學習困難和解決方法，詳如表 4-1。

　　此外，85.2%的孩子（23 位）能提出增進探究學習的方法，依序是專注聆聽（10 位）、運用閱讀策略（5 位）、練習表達能力（4位）、多加思考問題（3 位）、踏察學習（1 位），例如：

表4-1　學生自我檢核探究學習的困難和解決的方去

範疇	學習的困難	解決的方法
閱讀資料不易	學習單不太會寫	去問問同學
	看不懂越南的字《回外婆家》	去看越南字的書
	不會越南文	念念看越南文
探究主題的形成和執行步驟複雜	想不出問題	認真的把書再看一遍
	記不住題目	先看要說什麼題目
	探究學習的步驟有點複雜	看看別組怎麼做
	越南老師回答我的問題，我聽不懂	自己去回答問題
表達能力未成熟	（成果報告時）咬牙切齒，會突然忘掉	慢慢講話
	（成果報告時）我的聲音太小聲了	在家裡練習上台發表

我會專心聽老師說話（S12）

我會先寫 KWL 表，讓我更進步（S5）

上台發表前先深呼吸讓自己冷靜下來（S20）

先知道要問什麼，再研究（S29）

先在越南考察（S18）

　　本課程的學習歷程評估是由學生自我檢核，整體而言，近六成孩子對於自己的學習相當有信心，認為探究學習沒有困難，有八成五能提出增進探究學習的方法，最熟稔的能力是閱讀理解，而圖書館利用的知能相對較不熟悉。然而，只有三成孩子察覺到自己學習的困難，以及明確指出解決的方法。

二、學習成果評估

　　學生透過閱讀建立背景知識，運用 KWL 提出探究主題，藉由小組討論後確認訪談越南老師的題目，進而統整所學，製作海報發表成果。發表之時，27 位學生及 3 位教師都是評分者，評估面向依據學習目標分為五面向，依序是（1）能運用閱讀資料；（2）能發揮訪問技巧；（3）海報呈現清楚易懂；（4）報告時的語調輕重、快慢，時間長短恰當；（5）整組能團隊分工合作報告，採用 5 分量表，學習成果評估的統計分析，如圖 4-4。

圖 4-4　學習成果統計圖

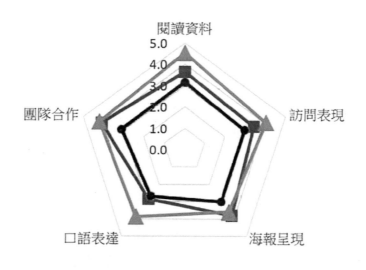

根據學習成果評估，在閱讀資料方面，平均而言，學生評量自己的表現（自評）是 3.7 分，評量其他同學表現（他評）是 3.2 分，教師評量學生表現平均（師評）是 4.5 分。在訪問技巧方面，自評、他評、師評，分別是 3.5、3.0、4.1；在成果海報呈現方面，依序是 3.8、3.0、3.6；在口語表達方面，分別是 2.9、2.7、3.9；在團隊合作方面，則是 4.1、3.1、4.2。就整體表現而言，平均為 3.5，相當於 70 分的中上水準；進而分析五面向的個別表現，發現以閱讀資料、團隊合作得分最高（3.8）；口語表達分數最低（3.1）；就各別評估者而言，教師評量（4.1）高於自我評量（3.6）、同儕評量（3.0）。

三、教師協同教學的省思

　　本課程共有三位協同教學教師，分別是喜閱萬興的生活課老師、館員、二年級導師，根據三位教師的教學省思（省思單如附錄 8），分別就教學設計、學生學習兩方面為文探討。

（一）教學設計

　　三位協同教師均對本課程的協作教學方式感到滿意，其優點是透過共同備課，讓老師們能彼此協調分工，各自發揮自己的專長，以學生的學習為主軸，釐清教學內容，選用教學策略，讓孩子的學習成效能更加精實，也有助於教學效能的提昇。

　　然而，三位老師也指出協作教學中最困難之處有三，首先是如何引導孩子發掘探究主題；其次是如何設計評量規準；第三則是教學設計如何回應到資訊素養、Super3、探究學習的程序和能力，尤其是二年級孩子的閱讀理解、統整資料、表達能力都相當有限之下，要把內容知識、程序知識都轉化成孩子們能理解、能感受的方法，

著實是一大挑戰。

　　為了解決教學困難，團隊教師每一回的共同備課，都要先檢視前一堂的教學成效，據以設計下一堂課程的銜接性和開創性，雖然較耗時，但能有效促進教學的流暢性，也較能具體觀察到孩子們學習的進展。尤其面對童稚的二年級孩子，教師須善用口語化提問引導，先示範並且適時重述重點，為孩子搭建學習的鷹架，較能完成教學目標，如同 T3 老師所言：

> 最困難的地方是如何引導孩子在閱讀文本後，擷取出該節課所要探究的主題內容，解決方式是教師先做示範，逐步布題，漸進式的引導孩子，讓孩子先聽講解、示範，最終能轉化成自己擷取文本重點。（T3）

　　此外，教學活動的時間分配，特別是分組實作討論時間不足，以及各組孩子討論內容的精準度較弱，也是這次協作教學較難掌握之處。

（二）學生學習

　　教師觀察學生的學習，發現藉由不同領域老師的專業引導，孩子們經歷了閱讀繪本、完成策略單、專家分享、成果報告等，一連串完整的學習步驟，讓學生們了解探究學習的過程，化被動為主動學習，開啟了探究學習的萌芽，對未來的學習能提供良好的先備經驗。如同 T2 老師具體的提到：

> 學生不只是個人的聽故事，理解文本，還要動腦思考在閱讀之中學到的知識，進一步發想成為探究的主題，並和同學討

論把主題轉化成具體的提問，從閱讀、統整、訪問、紀錄、發表、評估，一系列的學習步驟，就是走了一趟解決問題的歷程。（T2）

教師們認為透過探究合作學習，讓孩子不只是學會閱讀，還能培養統整分析、解決問題的能力，藉由小組團隊合作，組員共同完成較高規格的討論報告，是很珍貴的學習歷程。此外，本課程提供孩子們自我評估學習的歷程和成果，有別以往的學習模式，是更精準的學習。

然而，教師指出對學童而言，最困難之處是如何在閱讀完文本後，提出有根據、合理的探究主題，雖然有閱讀策略的融入，但孩子們未熟練策略，而且文本訊息又眾多，無論是閱讀單的習寫，或是統整討論後的紀錄，還是需要老師多方引導，或是同儕協助才能達到較高的完成度。

伍、結論與建議

本課程是運用 Super3 模式實施資訊素養教育，奠定探究學習的基礎能力，根據教學研究發現，提出三項結論，依序是策略導向的閱讀教學之效益最深刻、過程導向的研究技能有助於精進探究學習、學習者導向的評估規準提供多維度的訊息。

一、策略導向的閱讀教學之效益最深刻

本課程在資訊素養模式 Super3 的計畫階段之閱讀教學設計，有

關閱讀素材的選擇，考量二年級的閱讀能力和原有課程設計，聚焦在越南文化繪本，從閱讀新住民融入臺灣社會為起點，進而閱讀越南小女孩日常生活的一天。團隊教師以主題明確、文本適讀、故事脈絡清晰為考量，另在互文性方面，以能互補式擴展主題知識範疇為原則，選用《蘋果甜蜜蜜》、《回外婆家》、《提蒂安的禮物》三種繪本，融入推論、提問、KWL 策略。教學後發現無論是在成果評估（3.8）、歷程評估（85.2%），師生對於策略化閱讀教學的效益感受最深刻。

　　然而，在圖書館利用方面的學習，學生感知的人數最少（80.6%），尤其是針對多元文化書籍之類號定位的學習最弱（66.7%），可能是因為本課程的圖書館利用教育是建立在學生原有的學習經驗，教師只有口頭說明、閱讀單小訊息提示、自由參加主題書展，而未設計操作型或體驗型的學習任務，以致於孩子們不易遷移原有的學習經驗。

二、過程導向的研究技能有助於精進探究學習

　　在 Super 3 的執行階段，涵蓋了小組取得資訊、利用資訊以擬定訪談大綱，訪問專家後製作成果海報、團隊合作成果分享，每項過程教師都先逐步示範引導，讓孩子在每一項研究技能的學習歷程之中，都能獲得練習和展能的機會。以訪問技巧為例，教學設計細分為訪問前、訪問中、訪問後三階段的引導，讓孩子學習和實際應用，調查發現學生能評估三階段的能力展現（83.4%、92.6%、77.8%），並高達 85.2%的孩子都能具體提出改善自己探究學習的方法，顯示過程導向的研究技能之教學設計，確實有助於精進探究學習。

三、學習者導向的評估規準提供多維度的訊息

　　團隊教師於 Super 3 的評估階段，設計三種以學習為導向的評估規準，分別是師生各自評分的學習成果評估、學生自我檢核的學習歷程評估、教師的協同教學省思，三種都關注在學生的學習。根據評估結果發現多維度訊息，例如在學習成果方面，學生自評、同儕互評、教師評量，不僅可分析學習成果的 5 種維度之差異，而且發現平均分數的排序，依次是師評、自評、互評（4.1、3.6、3.0），顯示學生的自我期許超越老師的期待，孩子們對自己的表現感到比同學佳。

　　此外，在學習歷程方面，學生對於圖書館利用的學習感知最弱（80.6%），落後於閱讀策略（85.2%）、訪問技巧（84.3%），令教師團隊相當驚訝。因為校內的圖書資訊利用教育和圖書館閱讀活動相當豐富，本以為即使本課程沒有特別設計情境式操作型的圖書館利用任務，但孩子們的先備知識能力，應足以遷移到本課程的應用，但評估的結果並不相符，可見圖書資訊利用教育仍須結合情境化的學習，也須不斷的練習應用，才能有學習力遷移的效益。

　　本文根據教學研究的結論，分別就學生學習、教學設計、課程發展三方面提出建議，依序闡述如下。

（一）在學生學習方面，建議充份關注學生的閱讀、思考、創造、分享和成長

　　本課程深化閱讀教學，選用補充式文本融入閱讀策略，引導學生思考探究的主題，結合專家訪談，讓學生統整內容後，創造成果和同學們分享，教師則藉由評估和觀察來了解孩子們的成長。這一系列有層次的探究歷程，教師最關注的是孩子們閱讀理解、獲取知

識的能力、應用和創造新知識、分享知識參與團隊學習，及追求個人的成長，這些要素正呼應了美國學校圖書館員學會（American Association of School Librarians, AASL）公布的學習者標準之思考、創造、分享和成長（AASL, 2018），這些也正是資訊素養教育的教學目標。

（二）在教學設計方面，建議應用素養導向的四大教學原則

本課程由生活課老師、館員、二年級導師協同教學，三位老師各自有擅長的領域，在共同備課的過程之中，能激發靈感集思廣益，豐富教學設計，拓增孩子的學習範疇。然而，三位老師也有一定程度的專業堅持，在溝通的過程也會有意見不合之處，協調折衷是不可避免的現象。經過多次共同備課的對話，三位老師以 12 年國教的素養導向四大教學設計原則為共識，分別是：（1）整合知識、技能與態度；（2）提供脈絡化的情境學習；（3）重視學習的歷程、方法及策略；（4）在生活及情境中整合活用、實踐力行（教育部，2018）。我們帶領孩子經歷了閱讀理解策略、建構多文本的情境脈絡、實際訪談越南老師、分享報告學習成果、評估檢視自我的學習歷程，致力落實素養導向教學的四大原則。透過本課程的實施，三位教師皆表示滿意此次的協同教學，我們共同見證了四大原則不只是理念的宣告，而是切切實實的能應用於教學現場。

（三）在課程發展方面，建議採取融入式資訊素養教育

教學現場經常面對最大的挑戰就是教學時間不足，本課程發展之初，即採取融入於原有的喜閱萬興校訂課程之內，而不是額外加課。教學實施後發現融入式的資訊素養教育有助於課程的加深加廣，也不致打亂原有的課程進度，可提高教師們的接受度，讓教學設計

更開闊，有效促進孩子們的閱讀力和探究力，師生都能感受到資訊素養教育的效益。據此，建議資訊素養課程發展，以融入式為可行策略，並且可由低年級的 Super3 為開端，逐步向上運用 Big6 模式到中、高年級，建構螺旋式漸進的資訊素養課程發展。

　　整體而言，本課程旨在培育具備資訊素養的終身學習者，融入於二年級的閱讀課，在協同教學和團隊學習的氛圍之下，無論是教學省思或學習評估，皆獲得鮮明深刻的成長，師生共同經歷了一段美好的探學習歷程。

謝辭

　　感謝臺北市萬興國小郭惠琳校長、金多安老師、吳雅萍老師、陶氏兒容老師，以及二年級孩子們，在大家的支持與合作之下，本課程才能順利實施，特此致謝。

參考文獻

林秀兒文、楊麗玲圖（2008）。回外婆家。新北市政府教育局。

徐實法（2013）。提蒂安的禮物（曹玉絢譯）。聯經。

陳盈帆（2012）。蘋果甜蜜蜜。聯經。

萬興國小（2020）。臺北市文山區萬興國民小學 109 學年度課程計畫。https://drive.google.com/drive/folders/1s0Rlu_HEtS6WNet4L23z5-gFQ4w94Jnm

教育部（2018）。面向未來的能力：素養導向教學教戰手冊。教育

部。

American Association of School Librarians. (2007). *Standards for the 21st-century learner*. American Library Association.

American Association of School Librarians. (2018). *National school library standards for learners, school librarians, and school libraries*. American Library Association.

Big6. (2020). *What is the super3?* https://thebig6.org/thebig6andsuper3-2

Hartman, D. K., & Allison, J. (1996). Promoting inquiry-oriented discussions using multiple texts. In L. B. Gambrell & J. F. Almasi (Eds.), Lively discussions! Fostering engaged reading (pp. 106-133). Newark, DE: International Reading Association.

附　錄

附錄 1　《蘋果甜蜜蜜》閱讀單

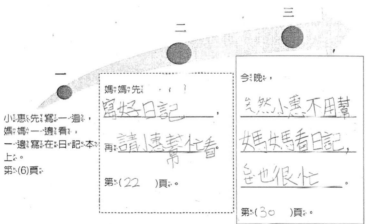

世界大不同— 認識越南

■ 小朋友，讀完了《蘋果甜蜜蜜》這本書，我們發現小惠的媽媽學習中文的過程有三個階段，請把書本裡的描述寫下來。

一
小惠先寫一遍，媽媽一邊看，一邊寫在日記本上。
第(6)頁。

二
媽媽先
寫好日記　　，
再請小惠幫忙看。
第(22)頁。

三
今晚，
突然小惠不用幫
媽媽看日記，
也很忙　　。
第(30)頁。

■ 寫一寫：請寫一段完整句子，描述小惠媽媽的學習過程：

首先是 小惠　先寫一遍，媽媽一邊看一邊寫在日記本上

其次是 媽媽先寫好日記，再請小惠幫忙看　　　，

最後是 今晚，突然小惠不用幫媽媽看日記，也很忙

■ 想一想：我們自己的學習過程，和小惠媽媽的學習過程，有什麼是一樣，有什麼是不一樣呢？

附錄2　《回外婆家》討論單

世界大不同～認識越南 2

越南美食名稱	越南法式三明治
寫一寫 它的形狀	它的形狀圓圓的，像漢堡。
製作需要 的材料	需要法國麵包、豬肉、雞蛋、叉燒肉 3 種菜、醬汁。
吃起來 的味道	吃起來好吃極了。
畫一畫 它的樣子	

資料來源：林秀兒（民 97 年）。回外婆家。新北市教育局。

附錄 3　《提蒂安的禮物》概念單

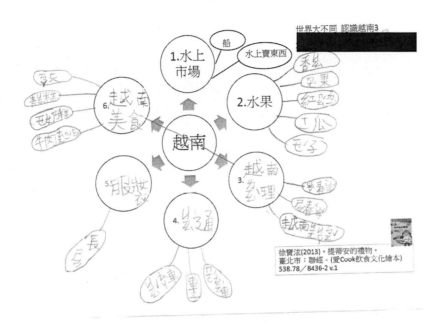

附錄 4　KWL 策略單

K:已經知道	W:想知道 服裝	L:學會了
衣服:越南穿的衣服和台灣不一樣。	衣服:越南的衣服裝除了長衫還有其他的服裝嗎?	有長袍
	提	
提		

K:已經知道	W:想知道	L:學會了
交通:三輪車	如何坐?✓ 如何買?✓ 那多少錢?✓ 如何叫三輪車? 三輪車你要坐那裡?(乘客)✓	我學到叫三輪車招手就好。 我還學到坐三輪車幾元 (18)、(25)、(38)

回7

附錄 5　水上市場組的 KWL 表和訪問單

（手寫 KWL 表）

K　｜　W　｜　L　　水市場

食：火鍋捲
衣：長衫
住：的
行：腳踏車

堤

為什麼船給
會下去？

因為有浮力

K：

越南的交通工
具大部分都
是三車輪車。
越南的市場是
在水上。

（什麼是怎安的怎生如？）

W：

為什麼市場
要在水上走？
火
在水上市場，
在水上賣東西
不是很不方便
嗎？

L：

交通孖

我學會水果會到水裡

G1

水上市場（1、4、11、16、23）
船上的
水果那麼多，為什麼船不會
沉？

乙如果水上市場的水果掉到水裡，該
怎麼辦呢？

附錄 6　學習成果評分表

分數：<u>5 分</u>非常棒、<u>4 分</u>很好、<u>3 分</u>還不錯、<u>2 分</u>普通、<u>1 分</u>要加油

評分標準	水上市場組	服裝組	食物組	語文組	交通工具組
1. 能應用閱讀資料					
2. 能發揮訪問技巧					
3. 海報呈現清楚易懂					
4. 報告時的語調輕重、快慢，時間長短恰當					
5. 整組能分工合作					
總分					

附錄 7　學習歷程自我檢核表

班級座號＿＿＿＿＿＿＿　姓名＿＿＿＿＿＿＿　組別＿＿＿＿＿＿＿

1. 在這次「多元文化-認識越南」的<u>探究學習</u>之中，我有學到：

　a. 在圖書館利用方面

　　□主題書展讓我看到很多世界各國文化的書

　　□我知道主題書展可以寫入「閱讀存摺」裡面

　　□我知道多元文化的書，可以在＿＿＿＿＿＿＿＿＿類找到

　　□我知道圖書館不只是看書，還有專家、地圖、雜誌、報紙等　　　資源可以學習

　　其他＿＿＿＿＿＿＿＿＿＿＿＿＿＿＿＿＿＿＿＿＿

　b. 在閱讀方面，我有學到了

　　□找支持的理由，例如：從《蘋果甜蜜蜜》的字詞段落，可以　　　判斷小香媽媽中文有進步

　　□找關鍵詞，例如：從《回外婆家》，我能讀懂「法式越南三　　　明治的形狀和材料」

　　□用泡泡圖來表示大主題、小主題的關係，例如：從《提蒂安　　　的禮物》我能完成閱讀單

　　□用 KWL 表整理「已經知道、想知道、學會了」的知識

　　　・我運用最多資料的書是：□《蘋果甜蜜蜜》□《回外婆家》　　　　□《提蒂安的禮物》，因為＿＿＿＿＿＿＿＿＿＿＿＿＿

　　　・除了以上三本書，我還有閱讀、看到或聽到有關越南文化　　　　的資料：□有，例如：＿＿＿＿＿＿＿＿＿＿＿＿＿

　　□沒有

c. 在訪問陶老師方面,我有做到小記者要具備的能力有:

☐訪問前,仔細閱讀資料,才能知道要問什麼問題

☐訪問前,題目要先分類,同一類的題目要有關連

☐訪問時,仔細聆聽、有禮貌、說話清楚、音量適中

☐訪問後,整理資料,能有條理的清楚表達

其他＿＿＿＿＿＿＿＿＿＿＿＿＿＿＿＿＿＿＿＿＿＿

2. 在「認識越南」的探究學習過程中,我遇到的困難有:

＿＿＿＿＿＿＿＿＿＿＿＿＿＿＿＿＿＿＿＿＿＿＿＿＿＿＿

＿＿＿＿＿＿＿＿＿＿＿＿＿＿＿＿＿＿＿＿＿＿＿＿＿＿＿

3. 我怎樣嘗試去解決這些困難:

＿＿＿＿＿＿＿＿＿＿＿＿＿＿＿＿＿＿＿＿＿＿＿＿＿＿＿

＿＿＿＿＿＿＿＿＿＿＿＿＿＿＿＿＿＿＿＿＿＿＿＿＿＿＿

4. 下一次做探究學習時,我會如何改進,讓自己做的更好:

＿＿＿＿＿＿＿＿＿＿＿＿＿＿＿＿＿＿＿＿＿＿＿＿＿＿＿

＿＿＿＿＿＿＿＿＿＿＿＿＿＿＿＿＿＿＿＿＿＿＿＿＿＿＿

附錄 8　教師協同教學省思單

一、教學設計

1. 對於本次協作歷程中，在教學中最困難的地方是_____
   解決方式為_____

2. 對於本次協作進行教學方式　□滿意　□不滿意　□建議
   _____

   課程安排　□滿意　□不滿意　□建議
   _____

3. 在本次教學歷程所安排的教學設計，最難掌握的是：
   _____

4. 對本次協作教學的感想為
   _____

二、學生學習

1. 本次教學中學童的學習與以往單獨授課有哪些不一樣？
   _____
   _____

2. 就本次教學之中，對學童來說最困難之處是什麼？
   _____
   _____

3. 學生在這次的學習歷程中，您認為獲得的效益有哪些？
   _____
   _____

第五章 「探究式資訊素養」教學的 5W1H

　　此文的主要意旨在分享筆者對於「探究式資訊素養」教學的理念與經驗，希望讀者可以從中理解「探究式資訊素養」教學的心法及中年級（第二學習階段）執行時的脈絡與細節。為了詳盡說明並貼近讀者閱讀習慣，決定啟用大家最熟悉的六合法-5W1H 來分析與分享此教學模式的「然」及「所以然」，並以中年級鄉土探究教育的「城市記憶──話說臺中故事」課程設計為例，提供大家理論與實際的交互比對，並可仿作執行。期待讓此篇文章不僅是食譜式的分享，並能啟發大家的思辨與創意，設計最適合貴校、貴班與您的「探究式資訊素養」課程。

壹、WHY：關鍵思維

　　從知識的傳遞、能力的提升，到素養的培養，108 課綱對很多老師產生了很大的衝擊，每日付出心力與勞力周旋在教學進度、行政要求、家長期望及不同特質的孩子間，能平安、順利的過完一天已屬不易，還被貼上「固守傳統」、「不思改變」、「排斥科技」、「尸位素餐」等標籤，心理的壓力與委屈真是如人飲水。面對每年不同的教育團體喊出新的口號、新的見解、新的教育處方箋，耳聞充斥在周圍迫切要求改革的聲音，常是無所適從（想改變不知從何

下手）、逃避（視而不見、聽而不聞）、排斥（每次教育改革喊得震天價響不都以失敗收場？）、拖延（得過且過，到上級要求時再說，反正上有政策、下有對策）……會有這樣的反應其實是符合人性的，馬克吐溫不就說了「唯一喜歡改變的人只有尿溼褲子的嬰兒」嗎？可見，無論是誰在某個部份都會很抗拒外界的改變，害怕改變會失去舊模式及習慣、會失去支撐一路走來的自我、會失去對周遭事物的熟悉度及掌控度。

　　只是，教育的目的是培養學生具備適應及面對未來的能力，無論是美國「21 世紀關鍵能力聯盟（Partnership for 21st Century Skills）」在 2007 年提出學生在 21 世紀所需具備的關鍵能力中，學習與創新類別包括批判思考（critical thinking）、協同合作（collaboration）、溝通（communication）、及創造與創新（creativity and innovation）（Partnership for 21st Century Skills, 2019），還是教育部依此推動「中小學數位輔助學科閱讀計畫」時，擴大定義學生應具備的 21 世紀關鍵核心能力為溝通協調能力（Communication）、團隊合作能力（Collaboration）、複雜問題解決能力（Complex problem solving）、批判性思考能力（Critical thinking），及創造力（Creativity），簡稱 5C 能力（教育部，2014），甚至是 2015 年聯合國教科文組織（United Nations Educational, Scientific and Cultural Organization，UNESCO）發布的「仁川宣言──教育 2030」（Incheon Declaration：Education 2030）中提到「以學習者為中心」、「優質教育」與「終身學習」三大關鍵字，身為教師的我們都必須深思，一直以來我們的教育方式能教育出擁有這些關鍵能力的學生嗎？能培育出擁有終身學習素養的公民嗎？如果答案是肯定的，那必須恭喜您的孩子能擁有具前瞻遠見的教育者──您。但，如果答案是否定的，即便不改變教學法已經令自己勞心、

勞力加流血、流汗了，即便牛頓第　運動定律告訴我們物體有趨於保持原來狀態的慣性，然而，為了洗刷「尸位素餐」的罪名，我們都要不斷不斷的告訴自己，慣性定律的前提是不受外力作用，所以一旦我們勇於面對並接受「教育必須緊隨社會改變的脈動而做出變革」這樣的「外力」，就會產生牛頓第二運動定律所說的加速度，改變就會持續發生。

重點是怎樣的課程設計可以讓學生培養核心素養與提升關鍵能力？林永豐（2017）說明核心素養具有非特定學科、跨領域的特質。「21 世紀關鍵能力聯盟（Partnership for 21st Century Skills, 2019）」提出透過課程整合、以問題導向、專題學習的教學法取代傳統的講述是值得使用的方式。也有研究指出學生具備資訊素養將有利於進行專題探究學習（賴佳穗，2005），香港積極推動任務導向（Task-based learning）及專題探究學習法，就是認為培育學生的「素養學習」可以提供他們一個建立知識的框架，綜合以上的論述，發展國小「探究式資訊素養課程」（林菁，2015）是有利於達成上述的目標。所以，當十二年國教總綱中以「學生本位」、「素養學習」、「終身學習」、「適性揚才」等作為教育的核心目標，要求各領域綱要需以此為發展依據，各領域為了服膺總綱理念，在研發設計的過程中就加強著墨於探究式資訊素養學習的設計。

盧昱瑩曾說：有時「擋住自己的只是一張紙」，當我們面對改變時，透過泰然接受、正面思考、拋開慣性、相信自我，會發現「機會就在改變之後」。

其實大家都覺察到改變的必要性，只是需要較大的能量來跨越巨大的靜摩擦力，但只要咬牙跨過，阻力係數就會下降，前進的速度就會越來越快。

改變——我們一起來！

貳、WHAT：您正在「一探究竟」

　　西元 1968 年是筆者出生的那年，也是政府開始推動九年國民義務教育的一年，當時教科書是由國立編譯館（現在的國家教育研究院）統一編撰。直到 1991 年執教鞭的時候，也開始利用國編版的教科書將以前老師授予的知識繼續傳承下去。幾年下來，對教科書的內容已經瞭若指掌，完全不用備課就可以在臺上滔滔不絕、旁徵博引、滿堂歡樂，孩子們的學習成效也非常好。

　　1987 年解嚴後，所有的框架開始鬆綁，隨著社會多元價值的變遷及亟求教育改革的聲浪，一綱一本的教科書在眾人推波助瀾下開始往一綱多本的方向邁進，到 2002 年全面實施審定制度，一是希望透過教科書出版業者的彼此競爭，能讓內容與時俱進，貼近社會的需求及教學者的期望，二則希望教學者降低對教科書的依賴，能有更大的課程自主與詮釋權，這正中不喜歡照本宣科的筆者下懷。

　　一直任教高年級的我總是告訴孩子們「學習是自己的事」，又認為「口語表達」的能力很重要，於是將講臺讓出來，一開學就讓孩子們分組，將執教的每一科（除數學以外）教科書的各單元讓各組自主分配，然後依照上課進度由該組孩子們上臺帶領學習，老師從旁協助，並透過類似蘇格拉底的產婆法（不斷追問）讓孩子們針對準備的內容進行反思及討論，單元最終再由老師補充不足及課外的部分。由於所有小朋友都得上臺，且每堂課都以分組帶領的方式進行，孩子們從剛開始的毫無自信、羞澀，很快地就可以克服面對同學的恐懼、甚至在良性競爭與互相學習的情況下，會設計各種突破口語報告式的創意方式來帶領，比方小劇場、記者採訪報導、腦

力人作戰……等，至於期中、期末評量前的複習，也由該組負責幫同學摘要重點甚至抓題。這樣的教室不是一言堂式的只有教師教學的聲音，所以比較輕鬆、活潑；孩子們因必須上臺帶領全班同學，對於負責單元的熟悉度一定比教師單向傳遞還高；另也因必須幫同學摘要該單元重點及抓題作複習，教師也能從孩子的摘要及抓題的內容中了解學生是否真正理解該單元的學習目標。重點是孩子的學習成效與期中、期末評量的表現破除了同事、家長對於非傳統教學、不做反覆練習等教學方式的疑慮，因而得到許多的支持。

　　至於數學課程，雖然由教師主導，但也是透過不斷提問讓孩子思考、討論、解答。其中，塑造班級安心並勇敢提問的氛圍很重要，鼓勵孩子在大家都以為的理所當然中發現問題、在大家都崇尚的權威真理中產生懷疑，有時會發現許多好的、令人驚奇的問題就在這樣的氛圍下產生，一旦問題產生，就會引發一連串的對談、激盪及研究，邏輯思考及推論能力於焉產生，也讓教室裡的數學擺脫枯燥與疲累，而顯得活絡、有趣。

　　現在回想起來，當年學生雖必須為負責的單元蒐集資料、整合資料，然後設計成果呈現及分享的方式，但一來因網際網路普及率及速度限制，數位資源不似現今豐富而且方便取得，二來因準備方向圍繞課程內容，所以孩子資料蒐集的範圍多是坊間各版本的參考書籍及老師的教師手冊，偶爾才補充一下課外書籍搜尋到或者詢問長者獲得的資訊。這樣將講臺讓出來的教學方式，即使在筆者後因投入學校圖書館營運而成為行政、科任或圖書教師，還是總在負責的領域課程中，根據學習目標切割出幾個大議題，讓孩子分組尋找有興趣的研究問題，進行簡易的探究學習，並將成果上台分享。

　　隨著學校圖書館館藏的不斷翻新及多樣化、圖書資訊利用教育的推動、學校教室設備的更新、網路速度的提升及跨越時空的數位

資源多元且豐富，再加上筆者參與各項研習、計畫，並與夥伴、各校教師交流學習，帶領學生進行探究學習的方式及學生研究議題、研究過程及成果呈現的深度、廣度，都不可同日而語，也因為以往教學的經驗，降低了進入「探究式資訊素養」課程的門檻，也能領略這種教學模式的精髓與趣味。

　　我想表達的是，很多老師在參加探究式教學模式的理論或實際經驗分享研習時都會滿腔熱血，覺得靈光充滿，但回到教學現場後就立馬被打回原形，因為太多的挫敗（學生的學習慣性、志同道合的夥伴難尋、只看短線成效的家長……）、太多外在的阻礙因素（進度、行政配合、校園氛圍……）、太多要處理的雞毛蒜皮（因為組內工作分配而不斷產生的爭執、打小報告、無法完成階段任務……）都會對探究教學的可行性及自身能力產生懷疑。其實，所有的事都必須循序漸進，就像帶領孩子閱讀要從適合孩子程度的書籍開始推薦起，慢慢的增加書籍的難度，以培養孩子閱讀的興味與提升閱讀理解的能力，如果一開始就給一本超出理解能力過多的書籍讓他們讀，不但無法讓孩子在閱讀中學習，更會打壞孩子對於閱讀的興趣。探究式資訊素養教學（針對老師而言）或者探究式學習（針對學生而言）也是如此，如果一開始就讓習於傳統教學的教師、毫無探究學習經驗的孩子面對巨大的學習計畫，排斥與挫折當然會充斥在教室的每個角落（包括教師），所以依據教師與學生的能力及背景經驗，先從領域課程內容相關出發，按部就班的推進，是讓教師與學生沉浸在探究樂趣的重要元素。

　　Jarrett（1997）認為探究式教學的模式依據教師涉入的程度可以區分為食譜式實驗（cookbook experiments）、引導式探究（guided inquiry）以及全開放式探究（full inquiry），面對初次接觸者，老師可以先從食譜式開始帶領，等學生慢慢對於資料的蒐集、整合有

了基本的能力，也適應並理解分組學習的工作分配與協調、合作，就可以慢慢進入引導式探究及全開放式的探究模式。一如筆者前面所提的經驗，可以從課程內容的教學方式開始改變，漸次將傳統口述傳遞知識的方式，把課程內容的學習、講臺交給孩子，再慢慢尋找課程延伸出的議題讓孩子探索、深究，並學習資料蒐集、取得、利用與整合的方法，從中提升學生的資訊素養，最後再進入與生活相關、真實的、跨領域的開放性大議題，透過沉浸式與大量閱讀的帶領，讓孩子聚焦出有興趣、具探究意義、結合生活情境與實際可行的探究主題進行專題研究。這樣有順序、有架構、由簡入繁、由易入難的漸次踏入「探究式資訊素養」教學與學習，對於教師或學生都會有較少的挫敗與較多的成就。

　　改變教學法不難，最難的是：下定決心改變。

參、WHO、WHEN、WHERE：任何人＋任何地點＋現在進行式

　　由誰來進行探究式資訊素養的課程呢？沒錯，就是自己，也就是每個領域的老師都適合將這樣的教學模式融入課程。根據學生先備能力、領域融入、課程目標及操作方式，可以選擇自己一個人完成，也可以找志同道合的夥伴一起跨領域協同進行。當然，更可以利用「校訂課程」（彈性學習課程）的自主與彈性，透過各領域老師們共同商討設計全校性的跨領域統整性主題、專題、議題探究課程。另，以協同方式進行跨領域的探究教學，在組織協同夥伴時，除課程涉及之領域教師，最好能包括導師（掌握探究進度、處理組間問題等）、圖書教師（資訊、媒體專家）及科技融入的負責老師

（電腦操作能力、文書處理等）加入，如此會讓整個探究教學更為完整、更順暢。

　　無論是個人、夥伴或全校性的施作，在寒暑假備課階段就必須開始計畫、準備。先了解全學期（或學年度）的核心素養、各領域的學習目標、學習內容及學習表現，課程節數的分配及學校的行事曆等，再來規劃要在哪一個領域的哪一個課程單元或教學階段，帶領學生進行「探究式資訊素養」的學習模式。如果是跨領域協作，還必須討論在進行探究式教學過程中，每個階段協作老師的主、輔順位、教學重點及教學目標，然後安排進行的時程，包括週次、節數等等，最後審視整個教學計畫需要利用到除教室外的場域，例如：圖書館、電腦教室、視聽教室或禮堂（成果報告、展示），進行事先的課室預約及場地的規劃、布置，以免屆時著手進行時，因事先準備的不足，致使阻礙重重甚至窒礙難行，影響了教學者或學習者的興致。如果需要校外參訪或者需要人物訪談，先前的發送公文、聯繫安排更是不可或缺。

　　上面的「探究式資訊素養」教學模式的準備是屬於一完整課程的設計。不過筆者認為在學習的歷程中，「探究」的精神與「資訊素養」的培育應該無所不在，隨時都可以發生。子曰：「學而不思則罔」，這是傳統教學法需反思的地方，由老師口沫橫飛的將知識傳遞下去，學生只是一味的接納而缺少思考、思辨，慢慢會陷入迷惘終至無所獲得。子又曰：「思而不學則殆」，這是現代人常犯的通病，喜歡反傳統、提異議，把批判性思維錯認為凡事批評、鑽牛角尖，可是當提出疑義時又懶於踏實嚴謹的求實、求證，只相信鬆散於各社群媒體的訊息，造成的結果是自以為是、想當然爾的訊息漫天飛舞，誤導大眾的認知與判斷。所以「學」、「思」需同時發生、不可偏廢，這就是筆者認為「探究」精神與「資訊素養」應該

融於「學習」的所有行為中，透過班級經營與鼓勵，營造教室充滿「好奇心」、「勇於提問」與「討論」、「解決問題」的氛圍，從老師主動提問開始讓學生動手找答案，慢慢進入到孩子們自己提出心中的疑惑，然後透過一連串的資訊解決歷程，找到滿足自身資訊需求的解答。從事實性問題的提問，透過鼓勵、引導的方式讓推論性的問題漸漸發芽、茂盛；從最簡易的問「Google 大神」，學習媒體識讀的各樣元素，從而可以了解問題解決的步驟，知道利用多元的資訊媒材多方驗證，以提升問題解決後所形成的觀點之信度與效度。當從簡易著手、從教學者的經驗、學生的起點行為開始，將教室塑造成習於「提問」與「探究」的場域，讓「資訊素養」在所有學習的過程中潛移默化，等正式進行「跨領域」、「議題式」的「探究式資訊素養」、「問題導向」、「專題導向」等較為複雜且時程較長的課程，就能游刃有餘，孩子的挫敗感也會降低，一旦學習成效提升，學生的「探究力」、「資訊素養」在這樣的課程中又會有「破繭而出」的進化。

　　至於現代公民所需要的「創造力」、「創意」，並非如大眾認知的天馬行空，完全依靠直覺或突然出現的靈感無中生有。歐洲創意管理大師 Mario Pricken 說過：「絕妙的點子 50%取決於資訊，49%靠方法，另外 1%靠直覺。」創意通常來自生活觀察、生活需求，創意人其實就是解決問題的人。所以「創造力」也建立在「探究力」的根基上，呵護並啟動孩子天生的好奇心，鼓勵孩子利用「五感」來感知周遭的人、事、物，習於觀察、發現問題、思考及選擇能解決問題的方式、實際進行問題解決行動、獲得結果並解決問題，最後產出實物或形成觀點，讓它們在學習欲望的滿足過程中產生成就感，就會引發再次的「探究」動機，並點滴累積「創意」的思維。

　　持續的激勵與課程融入，讓「探究」的歷程無時無刻、無所不

在的發生。

肆、HOW：揭開擋在前面的那張紙

　　這裡我們以中年級（第二學習階段）為例，因為中年級橫跨三年級與四年級，對於三年級學生的能力來說，使用較為簡易的探究歷程步驟，如：Super3 會較容易入手；而四年級的學生，我們就期待能帶領孩子進入較為高階的探究模式，如：Big6、CORI 或者 Guided Inquiry 等。以下就分享「探究式資訊素養」課程的設計與操作方式，希望能提供給大家一些自身的經驗，與大家一起學習與討論。無論哪一種模式，都屬於問題導向（或專題導向）的學習方式，也就是讓學生在符合學習目標的議題中，找出有興趣的主題、聚焦並定義研究問題、規劃執行的方案、收集並整合資料、執行問題的解決甚至建立決策與行動，以完成探究歷程並呈獻成果（徐新逸，2001）。

圖 5-1　以學生為主的探究模式

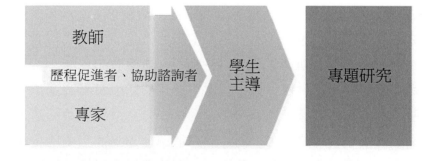

一、從一個好問題開始

愛因斯坦說過：「如何提出一個好的問題，往往比知道答案還重要。」當一個好的問題出現，往往可以帶動探究的動力與影響討論的深度。如何問一個好問題是教師與學生都需要學習的。教師可以從相關領域課程中聚焦出擬探索的議題，首先根據核心學習的元素，慢慢利用空間、時間的限制將範圍縮小，再以在地生活、經驗、當下發生事件或最近討論熱度等繼續限縮專題研究的範圍，最後跟學生一起討論或由學生依興趣決定研究的議題及學習的任務。

舉例來說：領域的核心學習元素是環境保育，我們可以設定主題為在地的環境保育，如果學校坐落於桃園，就可以繼續把範圍限縮到桃園的藻礁、海岸生態……等，如果核心學習元素是認識家鄉（家鄉行腳），可以透過聚焦的方式將議題設定整個鄉、區，或再聚焦於村、里等，而研究方向可以是地理、歷史、人文、經濟、景觀、特產、社區發展……等。當然也不僅限於社會領域，自然領域的生態、動、植物等與學生生活環境息息相關的議題，如：石門水庫的生態、校園植物、校園昆蟲或鳥類……等。或配合四年級語文領域的大單元——成功之路，發展出的延伸議題：小學生的成功與失敗、成功人物的特質……等，都是可行的聚焦方式。

如果是完全開放式的探究學習，議題的產生就可以更加多元、豐富，除了從學科學習延伸出可研究的議題，還可透過學生的經驗（如：人際互動）、生活中觀察到的現象（如：校園植物、昆蟲）所引發的好奇中凝聚值得探究的議題，當然社會氛圍關注的熱議（如：綠能）、正在發生的事件（如：防疫），或者是在閱讀判讀過程中所產生的問題（如：哆啦ㄟ夢的科學）等，都是發現值得探

究議題的好方式。這樣說來，好問題隨處可得，問題在如何擁有觀察的能力。

圖 5-2　議題聚焦示意圖

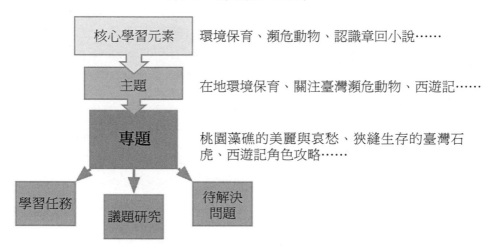

核心學習元素	環境保育、瀕危動物、認識章回小說……
主題	在地環境保育、關注臺灣瀕危動物、西遊記……
專題	桃園藻礁的美麗與哀愁、狹縫生存的臺灣石虎、西遊記角色攻略……

學習任務　　議題研究　　待解決問題

圖 5-3　探究議題的來源

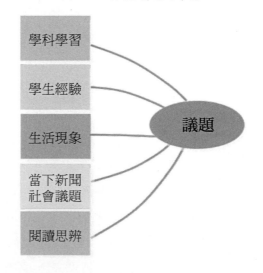

學科學習
學生經驗
生活現象
當下新聞社會議題
閱讀思辨

議題

等大範圍的議題確定後，還要從中選擇適合研究的主題。首先，選擇學生有興趣並和生活情境結合的主題很重要，若主題能貼合他們的生活、對主題產生好奇及興趣、研究結果能解決生活問題，就能提升學生的研究動機及動力。再來，審視研究主題是否具探究意義、有無適當的挑戰性，並且是否實際可行。有些屬於事實型的問題，上網查就可以輕易得到正確的解答；有些問題雖然問了「為什麼」，但也已有明確的答案，如：為什麼石門水庫的魚種最主要是草魚、烏鰡及大頭鰱？這樣的問題當然可以問，也可以讓孩子自己去找到答案，但對於提升學生的「探究力」與「資訊素養」等效果不大，畢竟完成問題解答後並不會產生太大的成就感，也不會形成對周遭生活或未來挑戰有幫助的觀點。另，提出的研究主題是否確實可行，這部分要考慮的包括學生能力、需消耗的時間、空間及設備、經費等。

圖 5-4　如何選擇研究主題

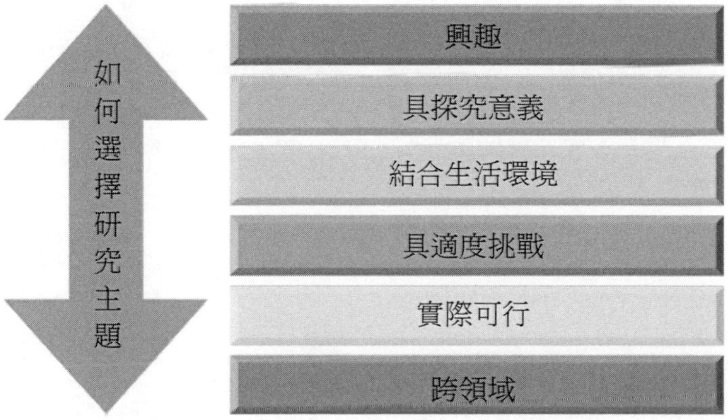

如何選擇研究主題	興趣
	具探究意義
	結合生活環境
	具適度挑戰
	實際可行
	跨領域

　　有了研究的主題後，還要聚焦出待研究的問題，最常用的是 KW 表格，其中，K（KNOW）代表針對此主題已經知道的部分，W（WANT）則指「還想知道的疑問」。

此時，會發生學生無法表達心中的疑惑，又或者無法提出好的
研究問題。我們可以請孩子們看看研究的主題是否有時間脈絡？還
是與事件相關？然後利用 5W1H 來自我提問。如果有時間脈絡可循
的主題可以參考圖 5-6，針對過去、現在及未來來設定研究問題。
如果是屬於事件相關主題，則可以參考圖 5-5，引導學生提出好的
研究問題。

圖 5-5　利用 5W1H 擬定研究問題

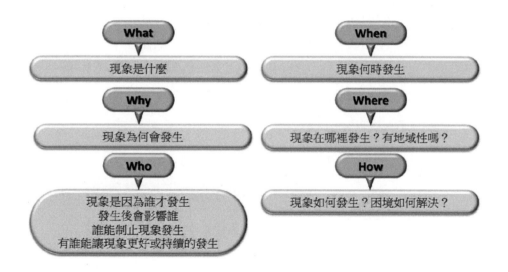

圖 5-6　利用時間軸擬定研究問題　　　圖 5-7　研究問題的聚焦

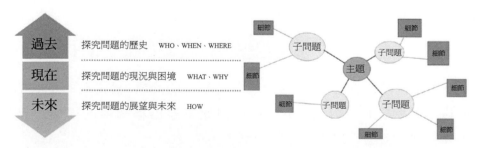

透過 5W1H 找出研究問題的關鍵詞、句以後，通常就可以產生出幾個待研究的問題，如果還有些鬆散，我們可以引導學生進一步將問題關鍵詞、句分類整合，找出上位概念，透過心智圖將問題做最後聚焦，最後，寫出此研究主題的待答問題。

二、探究的歷程——鷹架、夥伴、合作學習

　　歐用生（1998）提到探究式教學其實沒有固定的模式，隨著各科教材結構的不同有不同的探究方式，無論是哪一種教學模式，最重要的是探究的精神，強調資料蒐集、分析與推論，最終發展通則（觀點）。為培養學生探究精神，可以先透過鷹架的搭設，讓孩子有跡可循，漸進的建構出自身的探究方式與能力，再慢慢拆除鷹架。如果一開始就完全開放學生自行摸索進行專題研究，學生將因無所適從而產生挫敗，於是只好利用 google 搜尋些資料複製、貼上，敷衍了事，這就等同於所謂的「不教而戰謂之棄」。

　　搭鷹架有各種不同的模式。Trowbridge 和 Bybee（1990）根據建構主義發展 5E 學習環，包括：投入（Engagement）、探索（Exploration）、解釋（Explanation）、精緻化（Elaboration）、評鑑（Evaluation）。Eisenberg 和 Berkowitz 於 1990 年提出 Big6 模式，透過定義問題、搜尋策略、取得資訊、利用資訊、統整、評估等六個步驟，提升學生的資訊素養及問題解決之能力。Eisenberg 與 Robinson 又於 2007 年簡化 Big6 步驟，發展出較適合年紀較小的學生使用的 Super3 探究模式，藉計畫、執行與評量，幫助學生體驗嚴謹的探究歷程，培養初步的資訊素養並解決問題。另外還有美國國家閱讀研究中心（National Reading Research Center, NRRC）所發展的探索式閱讀教學模式：概念導向閱讀教學（Concept-Oriented

Reading Instruction，簡稱 CORI），強調合作學習、與真實世界互動，透過資料的閱讀與情境的連結來激發學生更深層的閱讀、思考與發表、分享。至於強調在決定研究問題之前必須先安排和學生生活經驗相關的情境，開啟學生的好奇心，進而引導學生著手進行探究的引導式探究（Guided Inquiry），也是小學常用的探究學習模式，透過啟動（Open）、沉浸（Immerse）、探索（Explore）、確認（Identify）、蒐集（Gather）、創造和分享（Create and Share）、評估（Evaluate）等非線性的步驟進行專題探究學習。無論使用哪種模式來架設鷹架，都是藉由探索一個令人感到疑惑及有趣的問題，誘使學生選擇不同的策略、蒐集資料、分析並整合，然後體驗問題解決的歷程，從而獲得觀點與能力，而這整個過程都在強化學生的資訊素養，使其具備面對未來挑戰的能力。

　　必須提醒的是，在探究活動開始前，由老師提出主題（食譜式探究）或設計可以讓學生產生疑惑的情境（引導式探究），透過觀察與操作引發學生的好奇與興趣，並帶領學生利用圖書館館藏或線上資源大量閱讀以建立與主題相關的背景知識，讓學生從中發現有趣的議題與探究的慾望，再透過心智圖表等辨識欲探究的問題、決定探究方向，這個步驟是不可或缺的。

　　三年級的小朋友，除非低年級（第一學習階段）已經歷過探究學習的體驗，否則筆者建議還是可以從 Super3 的模式來帶領學生。確定探究問題後就正式進入 Super3 的第一個階段：計畫，在這個步驟教師可以說明評分規準，也可以透過往年的作品為範例讓學生有較清楚的概念。學生在這個步驟中可以思考並嘗試列出資訊搜尋的管道，如利用圖書館資源、專家訪問及上網搜尋。其中，由於圖書館館藏及線上資源對於三年級學生來說太過複雜且豐富，教師可以利用學校圖書館事先將與主題相關的媒材（圖書、圖鑑、雜誌、報

紙、參考工具書，模型……）集中成支援教學之特區，讓孩子在這樣的範圍中尋找並閱讀。至於線上資源，也可以仿造網路探究式教學法（WebQuest），由教師將與此次學習任務相關，及可提供有用訊息的網站連結與其他資源列表，提供學生在範圍內使用，避免學生盲目漫遊，因連結到外部廣大的網路世界而分心。

　　Super3 的第二階段：執行，學生必須根據計畫所列出的資訊蒐集管道尋找所需的資料、並閱讀摘要。由於此階段需要不斷的讀、寫，所以教師得適時教導學生閱讀策略及摘要筆記的技巧。如：先閱讀目次找到相關的主題，接著尋找大標題將範圍縮小，再進行閱讀與記錄重點。執行摘要筆記時，務必提醒學生切忌一字不漏的照本宣科，要將重點「用自己的話」記錄下來。

圖 5-8　如何做摘要

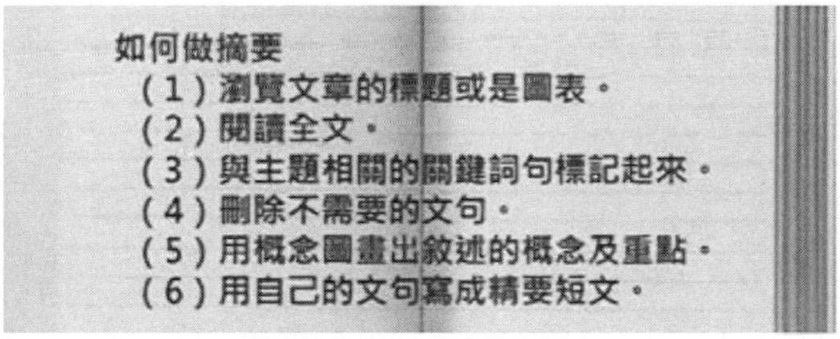

如何做摘要
(1) 瀏覽文章的標題或是圖表。
(2) 閱讀全文。
(3) 與主題相關的關鍵詞句標記起來。
(4) 刪除不需要的文句。
(5) 用概念圖畫出敘述的概念及重點。
(6) 用自己的文句寫成精要短文。

　　最後，將找尋到的資訊整合，並回頭審視研究問題，將「有用資訊」與「研究問題」進行搭配，以海報（或其他）方式呈現研究結果，最後上臺報告分享。至於 Super3 的第三階段，筆者留待評量部分一併說明。

　　如果學生是四年級或低年級（第一學習階段）已有完整的 Super3 探究經驗，筆者建議可以利用 Big6 或是 CORI、GI（guided inquiry）來協助學生搭建探究鷹架。其實核心精神大致相同，只有細節部分的差異，在此就不再贅述。

在引發學生好奇與探索欲望的階段後，我們可以透過興趣分組，讓對相似議題有興趣的同學一起合作學習，這樣的好處是探究的主題是學生有興趣的議題，會讓探究的過程激發較強的動力。除興趣分組，還有大家耳熟能詳的同質性分組及異質性分組，每種分組各有利弊。許多研究認為異質性分組所得到的學習成效較佳，因為可以讓學習力強的學生成為帶領者，帶領並協助整組完成探究的任務，也因組內由不同能力的學生組成，可以讓孩子們學會如何依據各別能力協調工作的分配。不過也有研究提出，這種方式對於學習能力強的學生有些許的不公平，而且組內的紛爭常構因於此，最後雖然各組都能完成任務，但任務的完成，可能大部分來自能力強的學生的強勢作為，至於能力弱的學生在這樣的過程中也不一定有所學習。其實，同質性分組也並非無可取之處，讓學習能力強的學生聚在一起，可以做更深入的對話、討論，更自主的完成各階段探究任務，分享更有創意或更獨特的資料彙整結果及觀點，成為其他學習者的示範，至於學習能力置中或較弱的組別，則由教師視組別能力的不同進行不同程度的介入，這樣的方式類似差異化教學，對於不同學習程度的學生給予不同的開放或引導，由此觀點，不失為一種好的分類方式。筆者認為無論興趣分組、異質性分組或同質性分組都有其可取之處，端視重視的是知、情或意。建議可視教學目標的偏重性輪流施作，就可以讓孩子因應不同分組方式有不同的體驗、學習。

　　學生確定待答問題與研究方向後，需要蒐集大量的資料，資料來源可以是紙本資料（圖書、雜誌、工具書……），也可以是電子資訊（網路資源、期刊、圖、影片……），當然也可以是學生自行觀察、紀錄的一手資料，如實地探訪（訪談、踏查……）、調查數據（如：問卷調查、操作實驗……），教師可鼓勵各組根據研究主題列出可以尋找到相關資訊的方式，並列出優先順序，也就是讓學

生製作資訊地圖，在資料蒐集時就可以根據資訊地圖有計畫的執行。

圖 5-9　資訊地圖範例

資訊來源	到何處尋找此資訊來源
資訊來源	學校圖書館、公共圖書館、書店……
參考工具書	學校圖書館、公共圖書館
資料庫	國立公共資訊圖書館……
相關人員	北區水資源局……
官方網站	石門水庫主題網、經濟部水利署北區水資源局
網路資源	搜尋引擎
影片	Youtube、紀錄片……

圖 5-10　資料的種類

> 一手（初級資料）：
> ・由研究者主動自己收集的資料
> ・觀察、問卷調查、訪問、實地調查、實驗、口述史、原始資料……
> 二手（次級）資料：
> ・經過其他人蒐集、紀錄、整理、轉載的資料
> ・百料全書、網路、雜誌、報章、影帶、年報、統計數據……

　　進入資料蒐集的步驟時，教師要引導小朋友如何透過圖書館線上公用目錄（圖書館線上查詢系統）查詢館藏，可以透過書名關鍵字、出版相關主題的作家姓名及滾雪球的方式查詢。所謂滾雪球的方式就是當查到一本提供有用資訊的書籍時，可以透過相同的分類號查找其他書籍，或者在雜誌中找到相關議題的文章，可透過作者姓名查找是否有此主題其他延伸的資料或著作。至於網路資源，最重要的是指導學生搜尋技巧，包括將語句化繁為簡列出關鍵字，然後透過簡易布林邏輯縮小或擴大查詢範圍。

網路資源豐富易查，但也處處充滿偽資訊及陷阱，所以在此階段中，教導學生判讀網路資訊的正確性是不可或缺的。「中小學網路素養與認知」網站中建議「網路識讀」可透過 5W 思考法及 CRAAP test。5W 思考法即 Who（誰寫的？有無作者簡介？是否為此議題的專家？）What（網站設置的目的？內容是什麼？）、When（網站何時架設？是否時常更新？）、Where（資訊從何而來？網站的出版者或贊助商？）、Why（資訊是否有用？是否能解決自己的研究問題？）至於 CRAAP 則是指 Currency 時效性、Relevance 關聯性、Authority 權威性、Accuracy 準確性及 Purpose 目的性，詳細介紹可參考上述網站，也可參考「全國圖書教師輔導團」教案教材中的圖書資訊利用教育教學綱要，其中第三個學習單元「媒體識讀」提供非常好用的資源及詳盡的解說，老師們可以好好利用。另外，針對問題尋找解答時，尋找不同來源的資料進行比對，可以提高資料的準確度，多方驗證也是確保資料正確性的方法。

　　透過各種不同資料來源查找的資料必須透過閱讀理解、摘要以整理出有用資訊，這時閱讀理解策略、如何摘要及作筆記是最重要的能力，其中，必須提醒學生閱讀資料後，如果要利用他人的觀點或研究結果來解答自己的探究提問，必須注意不可以完全照抄，要用自己的文字撰寫，還要正確註記資料來源（三年級記錄書名、作者及出版年即可，四年級可再加上出版社及出版者。如果資料來自網路，則記錄網站名稱、查詢日期及網址），以免違反著作權法。

　　如果研究過程須要與專家進行訪談，可先由老師聯繫訪談對象，獲得同意後，再請學生透過電話或 email 與訪談對象聯繫，確認其受訪意願。進行訪談前一定要做足準備，擬定訪談大綱（也可先將訪談大綱寄給受訪者），做足準備除了可以節省訪談時間及聚焦在訪談主題而不偏離外，對於受訪者也是一種尊重。由於只是中年級

圖 5-11　正確引用

正確引用：
閱讀資料後
將他人的觀點、想法或研究結果
用自己的話
用自己的話
用自己的話
寫出來
一定要用正確的引註格式
註明出處
註明出處
註明出處

學生，所以訪談時務必有老師或家長陪同，注意訪談時的禮儀並專注凝聽、勤作筆記，若能取得受訪者進行錄音、錄影的同意，對於事後內容的彙整會有很大的幫助。在訪談最後，可以以感謝函、感謝狀或小禮物（學生親手製作更佳）表達感激之意。等訪談資料整理好後，最好能與受訪者再進行確認，以免造成斷章取義或誤解其意的錯誤。

　　由於參考資源的多元，如果沒有一套有效率的資料整合方式，最後要列出資料來源或列舉參考資料時，往往會雜亂無章、事倍功半。常用且好用的方法就是利用「筆記方格表」來整理。橫向標題列將研究的問題一一列出，每當查找到可利用的資料時，即將資料來源列於直列中，然後在相對位置註記查找到可以解答上列探究問題的摘要（也可利用好用的便利貼），如此，在最後整合資料時，就可以快速對照出每個資料來源並加以註記。

圖 5-12　訪談注意事項　　　　　　　　圖 5-13　筆記方格表

· **訪談過程注意事項：**
➢ 確定訪談目的、擬定訪談大綱
➢ 選定訪談對象、確認受訪對象的意願
➢ 徵求受訪者同意錄音或錄影
➢ 準備訪談工具、準備感謝函
➢ 基於安全考量要攜伴一起行動

· **訪談過程注意事項：**
➢ 注意服裝儀容及禮節、詢問開放性問題
➢ 認真傾聽不隨意打斷受訪者話語
➢ 錄音或錄影、根據受訪者回應進一步追問

· **訪談前的準備：**
➢ 表達誠摯感謝之意
➢ 整訪談內容與受訪者再做確認

研究主題：			
參考文獻	探究問題一	探究問題二	探究問題三
○○百科全書			
電子資料庫			
網路資源網址			

　　由於數位時代來臨，疫情又加快了數位教學、學習的腳步，筆者強烈建議可以利用線上工具來替代筆記方格表的筆記功能，比方google 簡報就非常好用，尤其其具備共筆、語音輸入、可攜帶性、隨時隨地都可使用的功能，比起紙本的筆記較為便利。至於如何使用筆者會在後續教學案例中詳細說明。現在非常多免費的應用程式都可支援教學，老師們可以多關注、多思考其如何融入教學，以提高學習成效。

　　當資料蒐集漸趨足夠時，開始要引導學生將資料配合研究問題透過各種圖表進行整合。比方可以利用范恩圖或表格進行不同物件（事件、文本）的評比，也可利用魚骨圖、心智圖或曼陀羅思考圖表進行資料的分類及思維的整合。

如果有數據類的資料，可以製作成直方圖、長條圖、圓餅圖等
統計圖表。將資料圖像化除了有助於閱讀外，也有利於擴散思考，
並容易看出資料缺漏的部分。一旦發現資料不足，就必須再繼續蒐
集或尋找不同類型的資料來源。

圖 5-14　各式圖表

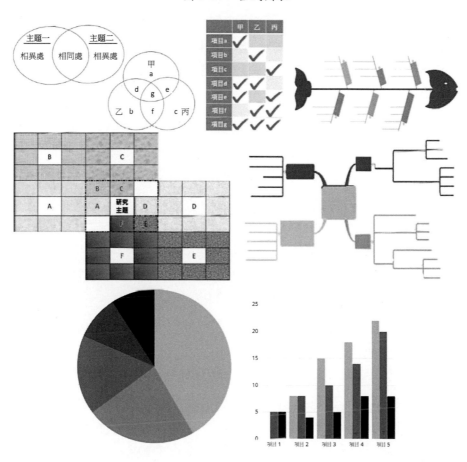

三、成果展現與評量

　　探究學習成果的呈現，依據研究主題及學生能力的不同而有不同的方式，三年級的學生電腦操作能力可能有限，所以推薦以海報的方式呈現，並上臺報告分享，這樣的作法會比較容易執行，對於學生也不會負擔太大。至於四年級的學生，就視其探究學習的經驗，若是第一次執行，還是以海報製作及上臺報告分享的方式較為適宜，如果貴校探究學習從一年級就開始帶領，又或者學生的電腦簡報製作、影片拍攝剪輯能力可以支援，則可以擴大成果展現方式。又，如果此探究式資訊素養教學的課程是全校性的既定課程，則可安排將成果展示於圖書館或學生必經之地，甚至安排與學弟、妹們進行分享與報告，除了可以強化學生的成就感，也可讓學弟、妹們從中學習，待他們進入中年級要開始執行此學習模式的課程時，就因有充足的體驗，更能了解課程的目標、更容易上手。有些學校會在全校面前進行各班、各組的分享報告也不失為一種好的方式。最後，如果願意，將各組別的成果集結成冊（或數位檔案）或製作成影片，除可持續分享，也可留存紀錄。

　　至於評量，可分為自評、互評、教師評及專家評等。在自評與互評前須先將明確可操作的評量規準列出。以三年級而言，各項目的評量可以星等執行（最高五顆星、很不錯四顆星、不錯喔三顆星、還可以兩顆星、加油喔一顆星），四年級則可以分數來執行，將各項分數須達成的目標明確列出，再由孩子們回顧整個探究歷程來為自己及同學打分數。除此，也可以讓學生寫下體驗紀錄，省思整個過程中自己的優點及須改進的地方，並說出同組組員在整個過程中的表現，最後記錄此次的學習模式學到些什麼，還有哪些不足的地

方。至於教師評除了也根據評量規準給出成績外，還可以根據整個歷程中的觀察給予情意與態度意見。研究歷程中如果有專家參與（如訪談），也可請專家就組員最後展現的成果給予建議。

圖 5-15　成果展示

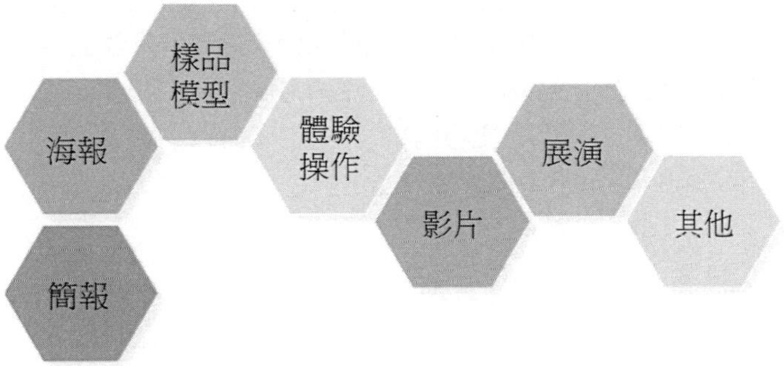

樣品模型　海報　體驗操作　展演　影片　其他　簡報

表 5-1 為評量規準的示意圖，可根據探究學習課程的目的、探究歷程的鷹架及學生能力進行刪修，也可化簡項目，以星等勾選的方式為之。

表5-1　評量規準內容參考

等級\項目	4 達到完善	3 達到標準	2 需改善	1 未執行	分數
議題的討論與形成	能運用 2 種以上主題概念分析工具進行研究主題討論	能運用 1 種主題概念分析工具進行研究主題討論	沒有運用任何主題概念分析工具	未進行討論	

表5-1　評量規準內容參考（續）

項目＼等級	4 達到完善	3 達到標準	2 需改善	1 未執行	分數
	能列舉 5 個以上關鍵詞彙	能列舉 3 個關鍵詞彙	僅隨意列舉 3 個關鍵詞彙	未列舉任何關鍵詞彙	
檢索策略	利用 3 種以上檢索策略於圖書館資料庫、網路搜尋……	利用 2 種不同的檢索策略於圖書館資料庫、網路搜尋……	僅部份成員利用網路搜尋。	未尋求任何相關書籍或文獻。	
	獲得 10 種以上與議題相關的圖書、報紙、期刊文獻、網頁…等資源。	獲得 5 種與議題相關的圖書及網頁資源。	獲得 3 種與議題相關的圖書。	未獲得任何與議題相關資源	
資訊的蒐集與整合	分配閱讀任務予每位小組成員。小組成員進行閱讀摘要及重點分享。	每位小組成員進行閱讀摘要及重點分享。	成員各自閱讀，未進行摘要與重點分享。	也未進行任何閱讀及重點整理。	
議題解答	利用閱讀素養三層次歷程，彼此詰問、回應，共同討論並決議，提出 3 種以上不同假設提問。	利用閱讀素養三層次歷程提出 2 種不同假設與提問。	提出 1 種假設與提問。	未提出任何假設及提問。	

表5-1　評量規準內容參考（續）

項目＼等級	4 達到完善	3 達到標準	2 需改善	1 未執行	分數
	利用相關圖書、期刊文獻、報紙、網路等資源尋求解答。	利用相關圖書、網路等資源尋求解答。	未利用相關圖書、僅透過搜尋引擎等尋求解答。	未尋求解答	
	小組共同討論及分析，撰寫參考答案，並明確標註解答參考來源與出處。	小組共同討論並撰寫參考答案。	未進行討論，隨意提出參考答案。	未提出參考答案	
口頭分享	清楚描述研究議題、探索過程、結果與發現、心得建議。	描述研究的議題、探索過程、結果與發現、心得及建議。	僅約略地說明研究的議題及結果。	無法完整地說明研究的議題及結果。	
	表達的內容架構明確並合邏輯。	表達的內容架構明確並合邏輯。			
	對特殊或專有詞彙會進行說明解釋。				

表5-1　評量規準內容參考（續）

等級 項目	4 達到完善	3 達到標準	2 需改善	1 未執行	分數
成果呈現 （書面報告、海報、簡報……）	詳列研究議題動機、目的、問題假設、研究過程、研究結果。 內容架構連貫明確並合邏輯。 善用文字、照片、繪圖、製表等的方式撰寫報告內容。	詳列研究的議題動機、目的、問題假設、研究過程及研究結果。 內容架構連貫明確並合邏輯。	簡單條列研究的議題目的與結果，且內容架構不連貫且不合邏輯。	未完成	
	參考書目包含 8 種以上圖書或文獻。	參考書目包含 5 種圖書或文獻。	參考書目包含 2 種圖書或文獻。	未列參考書目。	

總分：

伍、四年級探究學習課程設計範例

一、單元名稱：城市記憶拼圖──尋找臺中故事

二、設計理念

　　一個城市的樣貌隨著時間的推移會慢慢的改變甚至消失，其中

的歷程有些會刻畫在眼所能見、手所能觸的一磚一瓦上；有些則會隨口耳相傳、隨文字記載成為流傳的故事。人們對於一個地方的情感，就建立在這些或濃烈、或清淡的記憶。所以，一旦因為時空的變換，這些故事不再被提起，那麼曾經存在著的記憶將會因無所依據而漸漸消散，最後，人對所謂「鄉」、「土」的情感就會淡化、就不會「深耕」，於是也難以「生根」。

「鄉」、「土」教育要從小紮根，讓學生除了家庭、學校外，也能認識、關懷其所生所長或所居住的環境，進而產生愛鄉、護土並為其付出的情懷，甚至擴大認知、同理的範圍，產生對相異族群與文化的尊重及大愛的價值理念。所以，其目標可以分成三個層級（馬家祉、陳燕鶴，1995）：

第一層為「認識」：了解己身鄉土的自然與人文環境，屬於知識層級。

第二層為「建構」：透過學生的五感及行動，建構對環境鄉土的理解，進而產生愛鄉護土的情懷。

第三層為「同理」：以愛鄉土為同理基礎，進而尊重其他地域、族群的相異，培養世界地球村的大愛理念。

因筆者目前任教於臺中跨學區小學，所以本次課程設計就以臺中為例，希望學生透過探究的歷程，建構對「臺中」的理解與認識，並在探究、訪查、走讀的潛移默化中，培養對所處環境的認同與珍惜。老師們可以根據所處的地域及學習目標來設定課程探究的範圍，如縣市、區域、鄉鎮或是社區。

三、協作教師及任務

（一）圖書教師：探究方法與策略、資訊蒐集與判讀、閱讀理解與

資訊利用、策展。

（二）社會領域或自然領域教師：根據研究問題的領域偏向性（社會領域或自然領域），由該領域教師給予專業諮詢與引導。

（三）語文領域教師（導師）：引發學生的探究動機、閱讀理解、探究執行進度的掌握。

（四）藝文或科技領域教師：成果的展現，如以海報、繪本等形式，就由藝文老師帶領；如以簡報或電子書等數位方式呈現，則由科技領域教師負責。另科技教師也可協助科技融入探究歷程的各個步驟，如數位筆記。

四、實施對象：四年級

五、課程架構

・活動一　沉浸＿我所知道與不知道的臺中

・活動二　探究＿尋找臺中的故事

・活動三　成果＿臺中，我的家

・活動四　策展＿臺中記憶拼圖

六、課程節數

〔活動一〕沉浸_我所知道與不知道的臺中：80-120 分鐘＝二至三

節課。

〔活動二〕探究_尋找臺中的故事：160-200 分鐘＝四至五節課、假
　　　　　日走讀。

〔活動三〕成果_臺中，我的家：120 分鐘＝三節課。

〔活動四〕策展_臺中記憶拼圖：80 分鐘＝二節課、課餘時間。

七、課程職責分配表

	圖書教師	語文領域教師 （導師）	社會領語教師 自然領域教師	藝文領域教師 科技領域教師
〔活動一〕	主	輔		
〔活動二〕	主	輔	輔	
〔活動三〕	輔			主
〔活動四〕	主	輔	輔	輔

八、課程執行流程

（一）〔活動一〕沉浸_我所知道與不知道的臺中

　　1.關於臺中，大家可以聯想到什麼？

　　　（1）聯想力的發表方式可依班級人數調整，人數較少的班
　　　　　級，可以由老師帶領全班發表、討論、將結果寫在便
　　　　　條紙上張貼在黑板（或白板）上。至於人數較多的班
　　　　　級，可以用座位分組的方式限時競賽，請孩子們利用
　　　　　簽字筆將聯想到的資訊寫在便條紙上，時間結束後各
　　　　　組派人貼到黑板上的分組區塊。如果教室有電子白板
　　　　　及平板，也可透過科技融入的方式，讓學生直接在平

板輸入，結果呈現在電子白板上。沒有什麼是最好的執行方式，老師可以考慮班級人數、氛圍及硬體設備，設計最有成效、最能引發學生討論的方式。

（2）接著，可以根據黑板（或電子白板）上所有的標籤分組進行分類（此處建議分組進行的目的是希望可以展現出不同的分類方式）。最後請各組上臺發表分類原則及類別（上位概念），並進行討論。

（3）分類的原則及類別會因為聯想力的結果而有所不同，通常較多的是以「類型」劃分，如食物、建築、景點、區域、事件、人物等等。這部分的教學重點是引發學生對生活著的臺中產生關注與好奇。

2. 關於臺中，有什麼我不知道的事？

（1）老師引導學生思考臺中只有上述大家提到的人、事、時、地、物嗎？此時可以由老師拋磚引玉的舉些有故事性、具探究價值的例子或書籍跟孩子們分享，比方吊腳樓、綠空鐵道、臺中公園更樓、麻薏等等，啟動學生探究的興趣。

（2）在課堂中老師示範用 Google 圖片搜尋，利用「臺中」、「臺中百年」、「臺中文物」、「臺中建築」、「臺中古蹟」、「臺中特色」等關鍵字，瀏覽網頁上的圖片，一來喚起學生記憶，二來也讓學生發現很多他們沒聽過、沒看過、不知道、不了解的臺中。

（3）請學生回家詢問自己的父母、祖父母或親戚等對臺中的記憶，若能蒐集到老照片、老文物等更好，然後在班級中分享，以挖掘出臺中過去與現在也許不同的樣貌，透過這樣的方式讓學生體會一座城市會隨時間演

變，城市裡的人民在不同時空中的不同努力。

（4）如果是班級課程，老師可以帶領學生到圖書館分頭進行搜尋跟臺中有關的書籍及雜誌（以分工讀架的方式或以關鍵字在圖書館網頁搜尋，也可以諮詢圖書館管理者），將找到的相關書籍借閱並集中於班級，鼓勵同學閱讀並記錄。如果是全學年的課程，則可事先請圖書館管理者成立相關書籍、雜誌等不外借專區，提供學生閱讀及蒐集資料。

3. 關於臺中，我還想知道什麼？

（1）透過上述過程，學生對臺中會有一定程度的好奇，此時可以發下 KW 表單（K＝我已經知道、W＝我還想知道），請他們填寫，並引導填寫我還想知道的時候，盡量提出 why、how 的問題，或者有探究價值的問題。

（2）老師可以舉幾個同學在「我還想知道」所寫下的問題為例，帶領學生一起討論哪些是事實型的問題（較不具探究價值），哪些是整合型、推論思辨型的問題（具探究價值），之後請學生們繼續填寫 KW 表單。

（3）蒐集並整理學生的 KW 表單，針對學生填寫「我還想知道」的問題類型加以分類並公告。

（二）〔活動二〕探究_尋找臺中的故事

1. 學生分組

在進行探究學習前，學生必須先分組。如前所述，興趣分組的好處是學生的投入度與參與度會較佳，但可能使默契與情感不合的學生在同組，相信老師可以預測到後續會發生的很多與探究無關的爭執與抱怨，須引導學生在合作時

學習互尊、互諒與彼此磨合的方式。如若讓學生自己分組則可以降低上述情形的發生，只是可能同組的夥伴興趣不同，須學習協調出一個大家都有興趣與認可的研究問題。也可讓學生自行決定要依興趣來找組員還是找好朋友組隊。

2. 定義問題

同組學生將 KW 表單進行比對，協調討論出研究的主軸，再透過初步資料（紙本資料、網路資料）的蒐集與閱讀，利用心智圖慢慢統整出研究問題。

這部分的重點是「小題大作」，老師須不斷用提問的方式，讓學生對於研究問題的可探究性及其廣度、深度進行反思。畢竟是四年級的學生，研究的主題範圍盡量精簡而明確。如「臺中的建築」範圍就過大，「國家歌劇院」、「吊腳樓」就比較適合；又如「臺中的宮廟」範圍也較大，以中年級學生來說針對一座如「大甲鎮瀾宮」、「萬和宮」等會比較容易入手，且可以探究的更深入。

確定主題後，老師便可引導學生利用 5W1H 或時間軸概念發展研究問題，並利用心智圖記錄、聚焦研究子題。以「吊腳樓」為例，可以思考「吊腳樓是什麼？」、「臺中哪裡有吊腳樓？」、「吊腳樓生成或消失的時、空背景。」、「吊腳樓住著什麼樣的人？」、「為什麼會有吊腳樓？」及「吊腳樓的困境是否解決？如何解決？」。

3. 搜集與利用資訊

探究問題初步決定後（通常開始蒐集資料後會反覆修正研究問題），就可以開始擬定資料蒐集的計畫。計畫包括：資料的種類（紙本資料、網路資源、實地踏查、相關人員

訪談等）、尋找資料的地點（如校內圖書館、公共圖書館、博物館等）、時間的安排（簡易甘特圖）、工作分配等。沒有一個最好的教學模式，只有比較適合自己及學生起點行為的作法，所以，老師們可以根據自己班級的情況簡化或深化每一階段的步驟及介入的程度，別因為方法或步驟的堅持讓挫折成為自己與學生排斥的因素，更重要的是也不要為了蒐集學生探究的各個歷程以報成果，而過多、過繁的要求學生填寫各式紀錄表單。

如果學校設有圖書教師，平日裡持續推動的圖書館利用教育、閱讀素養教育與資訊素養教育就可在此階段發揮功能。如果沒有圖書教師，也極力推薦由全國圖書教師輔導團建立的國小圖書資訊利用教育教學綱要及教案、教材（ https://cirn.moe.edu.tw/WebContent/index.aspx?sid=1186&mid=11733 ），此份教材鉅細靡遺的將國小一到六年級資訊素養所需培育的能力設計成按部就班的課程，並提供可直接使用的簡報檔與教案。如果老師平日裡就開始依此培養學生資料蒐集與閱讀、資料篩選與判讀、資料摘要與筆記等能力，如此在這個階段就會進行得較為順利。

如果平時沒接觸過上述課程，那學生們很容易直接用網路蒐尋引擎如 google 查找資料，然後就複製貼上，呈現像補釘式的成果，也不懂如何尊重智慧財產權。老師可以利用這次的機會，帶領學生到圖書館學會利用圖書館分類、分類號來查詢相關資訊，也可以指導學生利用圖書館館藏查詢系統查詢，當查到任何一本相關書籍時，即可再以此書的類號到架位附近找尋更多相關資料。

以關於大甲鎮瀾宮的研究主題為例，若找到一本書籍《起

駕，回家》有相當多的訊息，則可以利用其分類號（863.57）
繼續找相關的資料，這時會發現這類號的書屬於臺灣作家
的文學創作，所以可信度會降低，不過我們可以從閱讀此
本書籍中提及的相關訊息，以追本溯源或滾雪球的方式擴
大尋找範圍。再者，如果以「鎮瀾宮」為題名（書名）關
鍵字找不到相關書籍，可以引導學生再思考看看，也許有
些書籍介紹的不只一間廟宇，因此書名雖然沒有鎮瀾宮，
但內容可能會有某個章節特別介紹，想想看，可不可以用
其他關鍵字搜尋呢？試試用「媽祖」、「神明」或「遶境」
等找找看，也許就可以發現《我的媽呀林小姐：寶島神很
大帶你認識粉絲最多的女神》、《神靈臺灣・第一本親近
神明的小百科》、《朝聖台灣：燒王船、迎媽祖，一位攝
影記者的三十年祭典行腳》等等相關書籍。

另外，也可查找政府的出版品，例如由臺中市政府出版的
《旅遊達人 in 台中_十九位名人在台中的記憶、探索、回
味》；或者以深入訪談集結的書籍：《臺中夢的苦難與輝
煌：吊腳樓》；又或者是在地達人的紀實：《開動了！老
台中》，這些書也具閱讀與參考價值。

至於網路資源的部分，剛開始使用 google 搜尋是可以的，
最重要的是關鍵詞的使用，如上面所舉的例子，除了使用
自然語言（直接打出問題詢問 google）、關鍵詞的組合外，
近似詞或與內容相關的其他關鍵詞的運用也必須試試。

另外，也要指導學生篩選並判讀網路查找到的資料。政府
網站（.gov）、非營利組織的網站（.org）或教育網站、官
網的資料可信度較高，如：國家文化記憶庫 http://memory.
culture.tw/Home/Index、又如：國立自然科學博物館網站中

的歷史展覽建置的古早台中人的故事 https://www.nmns.
edu.tw/exhibit/history_exhibits/ancient_taichung/index.html
等，其內容的可信度就比較高。

至於一般網站（.com）就要看文章張貼的時間、寫作者的
專業及網站的立場等來初步判讀（CRAAP），再利用不同
媒體尋找到的資訊交互比對，來提高篩選資料的可信度。
例如：學生餐廳、考古遺址和看不見的台中城市記憶
https://pansci.asia/archives/50081 出自泛科學網站，就可參
考並與其來資料來源相互比對。此部分可由圖書教師負責
指導，領域教師或導師協同輔助。

學生查找資料的通病是資料不經理解與消化就直接記錄下
來。老師要定期讓每一組同學跟自己（或全班）報告查找
進度與查找到的資料，盡量要求學生用自己的話說而非照
本宣科，老師則再次展現蘇格拉底的產婆法，針對學生的
報告內容進行詰問，學生在面對老師詰問的過程中，一來
會因為再次思考而更加融會貫通，二來也可能因此而發現
不理解、不合理的地方，於是繼續查找與閱讀相關資料。
在探究學習的過程中，老師不是主導的角色，但也絕對不
是放任的人，要時時陪在學生的身後，讓學習有鷹架與脈
絡可支持，而不至於迷路或偏離學習目標。

接著就是要將有用的資料摘要、筆記下來，切記務必要將
資料來源一併記錄下來，以免違反他人的智慧財產權，這
時最好用的就是前面曾經介紹的筆記方格表。學生可利用
海報紙製作表格，第一列的每一個欄位寫下研究問題，而
第一欄的每一列則列出資料來源的訊息，以中年級的學生
來說，書籍列出書名、作者、出版社及出版年；雜誌列出

名稱、期數及出版日期;網路資料則列出網站名稱及網址。之後將書籍、雜誌、網站搜尋到的可用資訊摘要記錄在便條紙上,張貼到相對應的欄位。根據查找到資料的多寡,海報紙可以繼續向下張貼延伸。每一組的海報平常可以掛在教室四周,提供老師檢視及同學相互觀摩,無形中也可督促進度較慢的組別,但須預防學生蓄意或是不小心破壞他人的筆記資料。

另一種方式可利用 google 簡報共筆的方式記錄。因為疫情讓全國學生都擅於利用平台學習及繳交作業,筆者嘗試教導四年級的小朋友利用 google 簡報共筆完成作業,對於學生來說進入的門檻不高,學生使用的興趣與效果也很好。首先老師可以在 google classroom 的作業區建立作業,每一組學生在作業區新增簡報並將同組同學設為共同編輯者,之後就可以利用此方式進行與筆記方格表相似的資料數位筆記(並非要製作真正的簡報喔!)。

通常簡報的架構可以利用版型與背景顏色將內容分成封面、目錄、章節、內文及參考資料,我們可以在封面頁打上研究主題,目錄頁打上全部的研究子題,而每個章節頁打上一個研究子題,將搜尋到的資料放在相關的研究子題章節頁下面新增的內文頁,一筆一張內文頁(等同於標籤紙),內文頁的文字顏色代表資料來源,而資料來源則以跟內文頁相對應的文字顏色列於最後的參考資料頁。如此,找到有可資利用資料的一本書籍、雜誌或網頁,則將資料來源以不同顏色列於參考資料頁,然後將關於研究子題的內容使用與資料來源相同顏色的文字摘要到相對應的章節下新增的內文頁。

由於簡報頁數可以自由增刪，順序也可隨時調整，還可以利用「格狀檢視」的功能達到展開所有投影片，鳥瞰整份筆記，老師也可以隨時在 google classroom 的作業區檢視學生進度與查詢的資料。另外，google 簡報可以利用手機、平板製作，並用語音輸入，其具有的可攜帶性與物聯網的特性，相對於紙本的筆記方格表著實便利許多，尤其在一生一平板即將推廣的現在，讓學生學習用數位的方式（能簡易操作的各種應用程式）做紀錄也是值得嘗試的方式。

4. 踏查或訪談

既然是尋找臺中的故事，若能實際走訪或與相關人士對談，除了能補足資料蒐集的缺漏或與蒐集的資料相互驗證，更能激發學生對於探究主題的情感與認同。如果主題是鎮瀾宮，能親自走訪鎮瀾宮甚至參與部分遶境行程；如果主題是市場，能親自到建國市場、向上市場、第二市場、第五市場、第六市場等地踏查或與市場管理者、攤商對談；如果主題是百年糕餅老店，能實地購買品嘗並訪問店家……，這樣的探究就不會只是紙上談兵，透過五感交流會讓孩子與鄉土的情感更加穩固，更願意為鄉土付出。

踏查、訪談所需注意的事項及事前的準備在前面已經提過，這裡就不再贅述。重複提醒的是一定要有大人帶領，同時，必須抱持著對地、對人的「尊重」原則，拍照與錄音都需經過相關人員的同意，若能攜帶些小卡片或小禮物更能表達感謝之意。

5. 整合資訊

無論是筆記方格表，或是 google 簡報（數位記錄）做的筆記，最後都需要根據每個研究子題進行再整合，過程中需

再檢視是否已回答所有探究問題，並根據結果推論出自己的觀點或問題解決的方法。

（三）〔活動三〕成果_臺中，我的家

筆者的設定是以繪本故事書的方式呈現探究成果，每一本故事都以臺中，我的家為主要題名（書名），並以探究的主軸為副題名，這樣全班或全學年的作品就變成一套叢書，然後在每本書的書背上方貼上「集數」，書背下方貼上包含分類號、作者號的「側標」，以配合活動四「臺中記憶拼圖」的策展。

不過，還是想強調，沒有最完美的教學設計，只有最適合各校的做法。以中年級來說，成果展現的方式有很多，可以根據學年討論、班級學生程度、製作時間等來設定，包括海報、繪本、紙本或數位摺頁、簡報或電子書等。如果是海報、繪本、紙本摺頁，可利用藝術與人文課程的時間，請藝文領域的老師協助指導。若是數位摺頁、簡報或電子書等，則可以請資訊專長的教師協同教學與指導。

筆者建議，無論是以怎樣的方式展現成果，在班上都要請各組上臺發表，一來可以互相觀摩學習，二來也可以訓練口語能力，對於學生來說，口語表達能力的培養是非常重要的。

至於評量，可分為自評、互評、老師評量及專家評量。老師事先設計評量規準（可依照前述規準表根據需求簡化使用），同學可以根據成果作品及上台報告的表現來自評與互評。如果發表的同時，有邀請協同的領域教師或其他校內外的教師、家長等，則可以再加上老師評量及專家評量，筆者建議老師或家長評量時，除根據評量規準以分數或星等來呈現評量結果外，若能再用文字給予意見、建議或鼓勵等的評語，學生會更有感受且絕對獲益匪淺。

（四）〔活動四〕策展_臺中記憶拼圖

　　學生辛苦的成果若能在全校面前展現，對學生來說是非常有成就且光榮的事，且若事先告知所有成果都將參與最後策展，則探究的過程必定更加認真。

　　筆者的設計是將所有參與學生所製作的故事書以專題書展的方式呈列，並將臺中大型的區域圖張貼在旁邊的大公告欄中，然後將各探究主題所在的地點以纏著紅線（或色彩明顯的線）的圖釘標示出來，再將紅線拉至區域圖外用標籤紙固定，最後在標籤紙上以簽字筆寫上對應的「集數」，讓參觀者可以藉此在書展中找到書籍，或閱讀書籍後在地圖上找到位置。所以參與探究的組別、主題越多，臺中記憶拼圖就會越完整。以海報或紙本小冊子呈現，也可以如法炮製。

　　若是以數位小冊子或電子書為成果，則可以讓每份作品都產生一個專屬的 QRcode，將之列印成貼紙代替上述寫上集數的標籤紙，並在旁邊放置平板，則參觀者可以透過掃 QRcode 欣賞及閱讀學生的作品。

　　除此外，也可錄製每一組上臺發表的影片，同樣以 QRcode 的方式，與上述集數標籤紙或 QRcode 貼紙一起張貼，則更加有趣，也更能將探究結果分享給全校師生及家長。

　　想說的是，無論策展的規模或方式，一定要以學生是否有收獲為思考核心，而非以滿足主事者或學校的好大喜功為目的，如為後者，則會像大拜拜一樣，拜完以後只剩杯盤狼藉。

陸、寫在最後

　　探究式資訊素養教學模式雖然是以學生為主體，讓學生自主進行知識的建構，不過，也絕不是指教師就做一個全然旁觀者，撒手讓孩子自行完成任務，而不加以協助引導，畢竟小學生還處在他律階段，且其資訊素養能力尚未臻至成熟，教師必須透過一次次由簡入繁的探究式教學模式，慢慢提升學生問題解決的能力。所以一開始就期待他們能完全自主學習是過於樂觀，筆者建議教師介入的程度需視學生探究學習的先備經驗及能力來調整。

　　另外，探究式資訊素養教學的順利與否，還取決於該班的班級經營、學習氛圍及同學之間的相處模式，班級經營的良莠、學習態度的積極與否、同學間的相處是否融洽，對於探究式學習的成效影響甚鉅，不可不慎。當然，以筆者的經驗，班級學生經過一次次探究式學習的洗禮，對於同儕情感的凝聚力、分組合作的組織力、溝通協調的互尊互重態度都會有所提升。

　　有時執行探究教育前，教師被賦予參與競賽並獲取名次的責任，這樣的壓力會讓教師忍不住介入太多，甚至以不著痕跡的方式，將結果灌輸給學生，違背了學生自主探究的目標。也有為了集結豐富的成果報告與行銷學校功績，而製作了各式表單，學生在不斷表單填寫、美編的過程中，可能忽略了最重要的探究精神，也可能因而壞了探究的興趣。又或是加入太多無關學習目標、無法提升學習成效的各式酷、炫活動，美其名為遊戲式學習，實則常除了玩與拍出學生開心的照片外，並無任何學習效果。能引發學生的學習興趣、提升學生的學習成效、讓學生產生成就感或藉機與他校學生相互觀摩、交流，那麼參與競賽、學校行銷或融入遊戲式活動，對學生而言都

是非常好的學習與體驗，只是教師與學校的成就或需求，不能凌駕於學生的學習之上，況且當學生的學習有所提升、學習態度有所改變，與教師間的信任就會增強、情感回饋就會更真實，畢竟學生臉上自信笑容才是教師最大的成就、學校最佳的行銷。

即使萬事起頭難，開始做後會發現困難重重，但也就有可以修正及改善的機會，所以，現在就跨出第一步，做，就對了！

參考文獻

毛連塭、陳燕鶴、馬家祉（1995）。臺北市國民小學鄉土教學活動之意見調查。國立教育資料館編印。

石美倫（2009 年 9 月 10 日）。資料蒐集技巧。https://ctld.ntu.edu.tw/ls/strategy/lecture.php?index=126

林菁、謝欣穎（2012）。資訊素養融入國小三年級「樹朋友」主題探究〔論文發表〕。臺灣教育傳播暨科技學會 2012 國際學術研討會，國立嘉義大學民雄校區。

陳麗旭（2009 年 9 月 20 日）。如何指導國小學生的獨立研究。http://163.32.247.66/fsps/studyall/html/othhtml/56.htm

張幼珍（2009 年 9 月 10 日）。PBL 教案設計與課堂施作方式的多樣性。http://te.npust.edu.tw/ezfiles/96/1096/img/1489/668591795.pdf

歐用生（1989）。教學方法的新趨勢（上）（中）（下）。教與愛，24-26。

鄭中平、顏志龍（2018）。給少年社會科學家（初版一刷）。五南圖書出版股份有限公司。

L. Lasse & J. Clemmons（2002）。協助學生做最棒的報告（林心茹譯）。遠流。

第六章　以探究式學習，解鎖資訊素養！

　　現在的學生處在資訊充斥的全球化社會，他們比起以往的學習者更易取得資訊，隨時可和校外著名作家、科學家與其他專家建立聯繫，並向他們學習。不過正因為資源與技術的迅速變化，資訊素養的定義也變得更加的複雜，即使在 108 課綱中「科技資訊與媒體素養」為核心素養之一，但仍常可以看到許多課程的研究成果或報告內容，其實是複製書本或網路上的資訊而來，不少甚至是錯誤的，而老師們也經常將資訊素養與科技工具應用混為一談。因此要讓學生具備取得、評估以及利用資訊以創造新知識的能力，就要先解鎖教師設計資訊素養課程的能力。

　　資訊素養若單獨授課，便失去真實的情境與脈絡，學習難以產生遷移，因為學習者惟有在經歷多次未清楚定義的真實問題及不完整資訊的過程中，去嘗試釐清差異點並提出證據，才能真正精進資訊素養技巧，達到深度學習的層次。美國學校圖書館員學會（American Association of School Librarians, AASL）提出的《21 世紀學習者之標準》（The American Association of School Librarians' Standards for the 21st-century learner, 2007）即認為應以探究式學習來培養資訊素養。而由 Kuhlthau 等人（2007）所提出的引導性探究模式（Guided Inquiry，簡稱 GI），則認為 GI 模式同時體現五種學習內容──學習的主題內容、資訊素養、資訊尋求模式（ISP, Information Search Process）的學習過程、讀寫素養以及社會能力。

壹、重視「有意義的連結」的探究式學習課程設計

　　我擔任圖書教師 10 年來，在圖資課便是以引導性探究模式
（Guided Inquiry）培養學生的資訊素養，我發現在完整的探究歷程
後，學生不僅能掌握資訊素養的三個核心概念「取得資訊」（location
of information）、「評估資訊」（evaluation of information）以及「利
用資訊」（use of information），更進而對學習主題有深度的理解，
同時也展現了與他人溝通及合作的能力。我認為這都是因為探究式
學習，重視與課程（curriculum）、學習策略（learning strategies）、
評量（assessment）、資源（sources of information）以及協作夥伴
（teaching partners）等情境脈絡間各種有意義的「連」與「結」（如
圖 6-1）。

圖 6-1　探究學習課程設計重視「有意義的連結」

有意義的連結

統整主題跨域　　搭建學習策略　　深化多元評量　　融入多元文本　　跨域協作教學
重要概念　　　　引導自主學習　　培養反思力　　　連結新舊知識　　建立探究模組

　　探究學習要強化學生已知的與所學新事物之間的關聯性，因此
要與「課程」連結，教學者盤點課程內容，由主題出發進行課程設
計，確認主題跨域間的核心概念、核心素養後，再融入探究的脈絡，
從真實的學習情境出發，激發學生的好奇心，他們就會全心投入探

究活動中。而在統整課程的架構下，學生也會有充足的課程時間，深化理解所學習的主題。

　　探究課程強調由教師示範，並提供適當的鷹架，引導、帶領學生逐步熟悉探究式學習步驟，因此自然的與「學習策略」連結，給予足夠的探索時間，讓學生連結並活用各種學習策略，達成深度理解，為自主學習奠定基礎。此外，探究課程也重視與「評量」連結，增進學習效果，讓教師及學生看到自己教與學的過程，更將評量轉化為孩子日常喜愛的課程活動，如訪談、討論、速寫以及各種實作成品，藉由評量來提升探究活動中教與學的品質。

　　探究課程強調教師要引導學生取得多樣化的資源，鼓勵探查、發現、搜尋，因此重視與「資源」連結以及與「探究團隊」連結，讓各領域教師所專精的多元資源能帶入跨域課程中，並強調圖書教師加入教學團隊的重要性，共同徵集、組織符合學生背景知識、興趣、真實有意義的閱讀材料，提供多元文本與資源並規劃多媒體創新學習，讓豐富、持續發展的館藏支援教與學，激發學生的興趣與好奇心。教師團隊共同規劃設計課程、協作教學並擴展學生探究時的背景知識及觀點。此外，支援不同主題的教學團隊，可共同規劃出最適切的探究學習模組。

貳、《臺灣之美》主題探究課程

　　以下藉由六年級《臺灣之美》主題探究課程，說明「有意義的連結」的教學設計與思考：

一、統整主題跨域重要概念

　　每年的夏天，基隆市民有二、三個月都沉浸在農曆七月「雞籠中元祭」的普渡氛圍中，孩子們會問：什麼是中元祭？為什麼會有中元祭？為什麼要普渡、放水燈？延續孩子對家鄉的好奇心，《臺灣之美》探究課程以六年級語文「臺灣印象」單元開展，結合社會領域「臺灣的自然資源與物產」及「福爾摩沙我的家」以及綜合活動領域的「學習策略」單元，在跨域課程中以探索閱讀、訪問及應用各種媒材創作、想像等，延續、激發孩子對家鄉、對臺灣這片土地的好奇心，認識家鄉與環境息息相關的歷史發展。

圖 6-2　檢視課程關聯性進行跨域統整

國語六上	社會六上	綜合六上	科技融入
・單 2　臺灣印象 ・山的巡禮 ・東海岸鐵路 ・沉城之謎	・單 1　臺灣的自然資源與物產 ・單 6　福爾摩沙我的家	・單 2　學習天地 ・學習分享會 ・有效學習 ・樂在學習	・數位閱讀策略 ・電子資料庫 ・組織圖策略 ・AR 微電影創作

　　本課程設計的核心素養與學習表現，融入資訊素養重要概念——「覺察資訊需求」、「取得資訊」、「評估資訊」以及「有效利用資訊」，並結合探究學習模式，以開啟、沉浸、探索、確認、蒐集、創作、分享、評估等學習階段，橫向連結學習領域的學習表現與學習內容（圖 6-3）。

圖 6-3　跨領域學習重點

		社會	語文	綜合	資訊科技
總綱核心素養		E-A2 具備問題理解、思辨分析、推理批判的系統思考與後設思考素養，並能行動與反思，以有效處理及解決生活問題。 E-B1 具備理解及使用語言、文字、數理、肢體及藝術等符號進行表達、溝通及互動，並能了解與同理他人，應用在日常生活及工作上。 E-B2 具備科技與資訊應用的基本素養，並理解各類媒體內容的意義與影響。 E-C3 具備自我文化認同的信念，並尊重與欣賞多元文化。			
跨領域學習重點	學習表現	1b-Ⅲ-2 理解各種事實或社會現象的關係，並歸納出其間的關係或規律性。 2a-Ⅲ-1 關注生活、自然、人文環境與生活方式的互動關係。 3b-Ⅲ-1 透過適當的管道蒐集社會議題的相關資料，並兼顧不同觀點或意見。 3d-Ⅲ-1 選定學習主題或社會議題，進行探究與實作。	2-Ⅲ-1 分析與判讀各類資源，規劃策略以解決日常生活中的問題。 2-Ⅲ-6 結合科技與資訊，提升表達效能。 5-Ⅲ-11 大量閱讀多元文本，辨識文本中議題的訊息或觀點。 5-Ⅲ-12 運用圖書館(室)、科技與網路，進行資料蒐集、解讀與判斷，提升多元文本的閱讀和應用能力。	1b-Ⅲ-1 規劃與執行學習計畫，培養自律與負責的態度。 2b-Ⅲ-1 參與各項活動，適切表現自己在任務、體中的角色，協同合作達成共同目標。	資 E2 使用資訊科技解決生活中簡單的問題。 資 E5 使用資訊科技產出想法與作品。 科 E9 具備與他人團隊合作的能力。
	學習內容	Ab-Ⅲ-1 臺灣的地理位置、自然環境，與歷史文化的發展有關聯性。 Bc-Ⅲ-1 臺灣不同族群或地區的文化特色，各有其產生的背景因素，因而形塑臺灣多元豐富的文化內涵。 Cb-Ⅲ-1 不同時期曾經塑造臺灣與世界的重要事件與人物，影響臺灣的歷史變遷。	Bc-Ⅲ-1 各類資源的分析與判讀。 Bc-Ⅲ-2 描述、列舉、因果、問題解決、比較寫作手法。 Bc-Ⅲ-3 運用各類資源解決問題的規劃。	Ab-Ⅲ-1 學習計畫的規劃與執行。 Bb-Ⅲ-2 團隊運作中的問題與解決。	資 E6 認識與使用資訊科技以表達想法。 科 E4 體會動手實作的樂趣，並養成正向的科技態度。
跨域學習目標		一、解析各地地名的由來與發展與其地理位置，自然環境或歷史文化的關聯性。（社 1b-Ⅲ-2、社 Ab-Ⅲ-1 語 5-Ⅲ-11 語 Bc-Ⅲ-1） 二、覺察台灣特殊的地理位置，並探究其對台灣氣候、生態及自然現象的影響。（社 3d-Ⅲ-1 社 Ab-Ⅲ-1 語 Bc-Ⅲ-2） 三、運用圖書館、網路與資料庫蒐集台灣自然歷史、文化與人物的相關資料，進行探究與實作，理解欣賞多元文化內涵。（社 3b-Ⅲ-1、3d-Ⅲ-1 社 Bc-Ⅲ-1 語 2-Ⅲ-6、5-Ⅲ-12、Bc-Ⅲ-2、綜 Ab-Ⅲ-1） 四、大量閱讀臺灣生活各面向的多元文本，運用工具整理摘要，比較不同文本中的訊息與觀點。（國語 5-Ⅲ-11、社 Cb-Ⅲ-1） 五、積極參與學習活動，仔細觀察、取得資料，擬定訪問題目，並透過訪問，追問獲得資訊。（社 3b-Ⅲ-1、綜 2b-Ⅲ-1、綜 Ab-Ⅲ-1） 六、與同儕相互溝通，合作規畫並執行主題探究，運用合適的資訊媒體呈現小組學習成果。（國語 2-3-6、綜 1b-Ⅲ-1、綜 Bb-Ⅲ-2）			

由此核心素養、學習表現、學習內容，交織出六個學習目標，並勾勒出探究式學習活動：從「解析地名由來」學生對主題產生興趣與好奇心，並沉浸在主題多面向的文本中「覺察臺灣特殊地理位置對生態與氣候的影響」，接著引導學生透過閱讀、使用資訊工具取得並整理資料，分析與詮釋資訊「分析比較不同文本的訊息」等策略建立個人觀點，最後結合數位科技運用，多元形式發表以闡述探究成果，培養學生自主學習、批判思考、創造分享、溝通合作等能力。

　　依課程目標建構出的課程架構，可分為三大課程模組、7 個教學活動（圖 6-4）。從教師示範、引導的「地名大搜索」帶學生熟悉探究式學習步驟，接著進入自選學習任務「臺灣 Tic-Tac-Toe」，學生應用各種學習策略進行蒐集、統整與創作，最後的「看見臺灣策展與發表會」讓學生將自己的創作規劃入策展中。三大課程模組有策略的引導學生自主探索、認識與家鄉息息相關的歷史、文化、自然等各面向的發展。

二、搭建學習策略引導自主學習

　　《臺灣之美》課程有了符合學生背景知識、興趣、真實有意義的多元文本，在跨域統整架構下學生有了足夠的探索時間，學習過程中教師是否提供適當的鷹架，將影響學生能否能深化對所學主題的理解，更是培養自主學習者的關鍵。

　　因此探究學習活動各有明確的學習策略，從一開始由教師帶領學生共做、接著學生在老師的引導下以小組形式實做、再者兩人一組，最後學生能獨立運用策略完成任務，整個過程就像是蓋房子時搭鷹架與房子蓋成了的拆鷹架歷程。

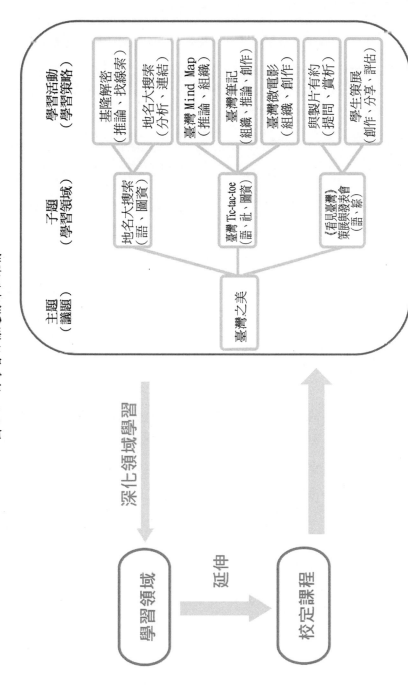

圖 6-4　由學習目標建構課程架構

圖 6-5　各學習活動皆有學生在引導下能逐漸熟稔的重要學習策略

學習活動名稱	節數	學習策略	實施方式
基隆解密	1	推論、找線索	1. 共讀基隆地名故事。 2. 蒐集分析不同資料中的異同點。
地名大搜索	1	分析、連結	1. 搜尋感興趣的地名由來與其發展背景。 2. 認識不同圖表如概念圖、樹狀圖、范氏圖等整理資訊。
臺灣 Mind Map	1	推論、組織	1. 運用圖表進行資訊分析與比較，以提出個人觀點。 2. 運用因果心智圖分析整理地理位置與氣候、生態的因果關係。
臺灣筆記	6	組織、推論、創作	1. 認識並練習將文中資訊以改寫、摘要至筆記方格表中。 2. 練習由文本線索進行推論，並思考推論結果與線索的連協。
臺灣微電影	2	組織、創作	1. 將資訊統整安排於故事板中。 2. 以多元媒體，如簡報、影片、動畫的形式進行創作。
與製片有約	1	提問、賞析	1. 賞析並認識《看見臺灣》影片的創作背景與內容。 2. 與製片互動並探討感興趣的影片內容。
學生策展	2	創作、分享、評估	1. 策畫《臺灣之美》主題展，邀請其它班級同學參觀展覽。 2. 擔任導覽員，分享創作成果。

　　除了搭建學習策略鷹架外，教師也會用同樣的方式讓學生熟習、掌握探究學習的歷程與技能，如：針對手邊的學習任務，先定義所要解決的問題，掌握定義問題時出現的關鍵詞以蒐尋相關資料、一邊搜集一邊評估各種資料的適用性、紀錄資料重點、統整資料並進行創作、分享表達自己的觀點，並反思學習目標達、學習歷程與內容等，逐步搭建起探究式學習的鷹架。接著新任務由學生進行小組共做，在熟悉探究歷程後，學生就能自主探索並完成自選任務（圖6-6）。

圖 6-6　引導學生認識並熟習探究歷程的步驟：學習活動一、二「基隆解密」
　　　　與「地名大搜索」學生選擇任務後，必須找出完成任務的多種文本，
　　　　並由不同文本來建構、重建或統整相關訊息

探究階段	教學歷程	探究階段	教學歷程
1 開啟	學生分享雞籠中元祭印象深刻的事情/說說課程中與台灣或與基隆有關的內容。	4 確認	挖掘基隆地名故事，找出並紀錄有關基隆地名由來的相關資料，註明資料來源。
2 沉浸	師生共讀基隆地名解密：《臺灣鳥瞰圖：一九三〇年代臺灣地誌繪集》（1996）。	5 蒐集	學生利用不同方式來蒐集基隆地名故事資料。再繼續查找並紀錄台灣5個不同命名的由來並各列出其代表地名2個。
	學生概覽圖書，找出「基隆」在哪？找找基隆山和基隆相關的段落，讀一讀。	6 創作	學生分享查找到的資料以及資料整理的方式，討論哪種資料整理方式最能清楚呈現重點。
	討論基隆山與基隆地名的關聯。書上還有哪些段落是和基隆地名有關的呢？	7 分享	學生以自己選擇的組織圖表進行地名由來的分類。展示地名由來的分類作品，同儕予以回饋。討論組織圖表統整資料實作重點。
	學生分享讀到不同基隆地名故事的感覺。	8 評估	實作重點轉化為評量標準，指導學生回饋時依據分類關鍵詞的適當性，上下位概念階層的關係是否合理進行評判。
3 探索	腦力激盪與基隆地名可能相關之資料來源。		師生共同回顧「地名大搜索」任務，反思學習過程中老師的引導步驟與自我應用的學習策略。

三、深化多元評量培養反思力

　　探究課程的過程和結果一樣重要，當決定「如果這東西值得教，那它就值得評量。」評量要具有正面的學習經驗，學生才樂於學習。

　　《臺灣之美》課程結合多元評量，提供多元、有趣且具有挑戰性的自選任務，包含：旅遊摺頁或廣告、基隆地名故事、生活在臺灣的現在與過去、臺灣人物小傳記、臺灣地名由來等（圖 6-7），且課程中提供多元、多層次，以符合不同任務及不同程度學生需求的文本。學生在選擇符合閱讀能力並對應任務之文本後，進行閱讀與資料統整，他們不斷呈現自己的作品，以換取建議與批評；並一再回顧作品，來印證已經學會什麼以及哪裡還沒學會，鼓勵學生為學習而學，並持續精緻自我的學習。

圖 6-7　課程中融入各種自選任務，師生以實作成品評估教與學的成效

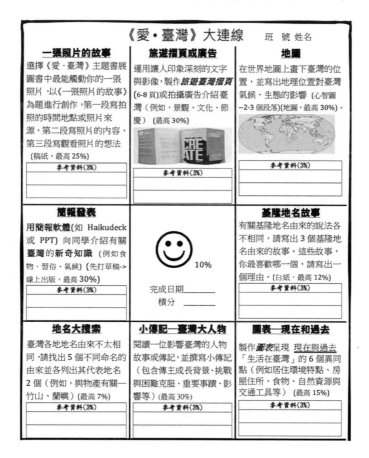

　　探究學習也重視讓評量發揮功能，建立每個孩子都有成功機會的環境。讓學生了解自己，主控自己的學習過程，並且得到支持，清楚知道自己需要什麼以及如何取得協助；他們更需要相信自己，對未來充滿希望，而自我評量、檢核以及引導學生設計學習計畫，都可提供師生重要線索，更可鼓勵學生成長。

　　《臺灣之美》課程中師生也共同建構評量標準（圖 6-8），引導學生理解學習目標與成果展現的面向及關聯，學生也透過自評與

圖 6-8　師生共同建構評量標準提供學習時檢視與反思，最後作品資料來也以自評、互評及老師評做為總結性的學習評量

臺灣之美　Tic-Tac-Toe　任務　評量指標

學習任務	非常出色	基礎	發展中	再加油
◇地名故事 ◇地名大搜索	找出與任務相關資訊，並能將資訊加以分類、組織，改寫資訊，以自己的話呈現。	找出與任務相關資訊，並能加以分類、組織。	找出並寫下任務主題的資訊。	直接抄寫資訊或資訊偏離任務主題。
◇一張照片的故事 ◇大人物小傳記	深入閱讀主題重要資訊，整理不同層次的重要資訊，以合理的順序做為寫作細要，並依主題特色展現不同的描寫技巧。	確認主題並閱讀相關的資訊，以合理順序進行創作並呈現一些人事物的描寫技巧。	確認主題並閱讀一些相關的資訊，創作內容與主題相關，文章有分段。	閱讀主題相關的片段資訊，只能進行簡單，文段的創作。
◇圖表─現在和過去 ◇地圖	進行資訊分析與比較，並提出個人觀點。以心智圖呈現地理位置與氣候、生態5個以上的因果關係，並以文字描述個人發現。	分析相關資訊，找出3個以上的果同點。以心智圖呈現地理位置與氣候、生態的3個因果關係，並以文字描述。	找出相關資訊，進行簡單比較，分析出2個異同點。以心智圖呈現地理位置與氣候、生態的2個因果關係，並簡單描述。	找出一些資訊，分析出一個異同點。以心智圖呈現地理位置與氣候、生態，的1個因果關係。
◇簡報發表 ◇旅遊習頁 或廣告	深入閱讀主題資訊，辨識重要訊息，以組織圖表整理不同層次的資訊，運用創意動手做或科技工具，產出具展示多元、有特色的深究成果。	利用相關圖表所找出的主題相關的訊息。運用動手作或科技工具創作，表達探究內容。	能簡單整理所找出的主題相關的訊息，並以視覺工具呈現探究成果。	利用視覺工具呈現片段的資訊(不當擷取或錯誤引用)
◇自主規劃	有效規劃自選目標與時間，完成5個以上的任務。	能規劃自選任務，並在時限內完成4個任務。	隨意選擇任務，只完成3個任務。	在他人協助下，完成2個任務。
◇評估反思	利用自評表反思學習歷程，探取行動提升成效。	在自評表上紀錄部分學習過程，反思自我的表現。	在自評表上紀錄一些學習過程與自我評估。	很少利用自評表紀錄學習過程。
◇多元資訊	運用圖書館與網路等多元資源，獲得3種多元觀點可靠的資料	運用不同資源獲得2種多元觀點資訊。能分辨可靠的資訊	利用簡易搜尋策略取得2種觀點相似的資源	利用有限的策略，取得缺乏多權威性或品質相隨性的資訊
◇正確利用資訊	認識資訊利用倫理規範，建正確利用資訊的策略，並展現1～4種正確利用方式利用出版品	認識資訊利用倫理規範，運用以下1、2策略。	認識資訊利用倫理規範，能運用第1個策略。	認識資訊相隨或品質相隨的資訊。只簡易註明原文引用資料。

1. 註明參考資料來源 2. 以合法方式利用出版品(不使用標示機密或所有權的資料)；3.選擇改寫或摘要；4.忠於原文引用資料。

自　評（藍筆勾選）　非常出色＿＿＿　基礎＿＿＿　發展中＿＿＿　再加油＿＿＿
老師評（紅筆勾選）　非常出色＿＿＿　基礎＿＿＿　發展中＿＿＿　再加油＿＿＿
同學評（鉛筆勾選）　非常出色＿＿＿　基礎＿＿＿　發展中＿＿＿　再加油＿＿＿

進度檢視需要修正或再努力加強之處，也經由同儕互評提供回饋、增加討論機會，並檢視學習歷程培養後設認知的能力，協助學生成為自發主動的學習者。

四、融入多元文本連結新舊知識

　　探究課程強調引導學生取得多樣化資源，能以多角度、不同立場據理思考，以培養學生批判、反思能力。因此課程中以「認識臺灣」主題，規劃多元圖書環繞著主題設計不同學習任務，學生必須找出能完成任務的多種文本，並由不同文本來建構、重建或統整相關訊息。課程也提供對立、衝突或對話的文本，或事件呈現不同對象的思考角度，或是單一故事不同版本的比較，讓學生思考「關於臺灣的一切真的都是美好的嗎？」、「還有哪些有趣的家鄉故事？」。

圖 6-9　在課程中融入多元文本

　　在這樣的課程中，提供給學生的文本必須多元、多層次，以符合不同任務及不同程度學生之需求。因此我們融入「補充式文本」：

以「認識臺灣」中心主題的多元圖書，使學生學習由不同文本來建構、重建或統整相關訊息；「綜觀式文本」：針對「臺灣／基隆地名故事」或事件呈現不同對象的思考角度，或是單一故事不同版本的比較；「衝突式文本」：提供對立或衝突觀點的文本，訓練學生以多角度、不同立場來思考事情，培養批判反思能力，如「看見臺灣」電影及安排「與《看見臺灣》製片有約」講座，以及「對話式文本」：與臺灣相關的人物、事件或主題反覆出現在系列文本中，持續對話與討論，讓學生對某主題、有更多元面向的探討。

五、跨域協作教學建立探究模組

　　《臺灣之美》跨域課程結合語文、社會、綜合活動領域，以及閱讀素養教育及資訊科技與素養教育等議題融入課程。協作教師皆有其學科專業背景與教學專長，如社會教師清楚高年級學生有關臺灣主題背景之知識與能力銜接，引導學生進行資訊分析與統整；語文教師引導學生應用摘要技巧，整理資料重點形成研究筆記等；圖書教師熟悉學校圖書、網路資源以及各種學習策略與方法；資訊教師熟知新興科技資源之操作運用。不同的教師可帶入、規劃多元的資源與活動，如活動六：與製作有約以及《看見臺灣》電影講座，或在教學中活用公共圖書館、愛的書庫共讀書箱等資源，讓學生沉浸並探究議題各面向，以提出問題與專家與多元資源互動。

　　各領域教師的協作模式應依循清楚的教學目標，進行共同備課與協同（圖 6-10）。教學團隊除了在學校共同備課時間外，更於學習歷程中透過數位社群討論或不定期召開會議進行備課。

圖 6-10　教學團隊依教學目標，進行教學協作與共備

學習目標	社會	語文	綜合	圖資	科技
解析各地名的由來與發展與其地理位置、自然環境或歷史文化的關聯性。(社1b-III-2 社Ab-III-1語5-III-11語Bc-III-1)	輔	主		輔	
覺察臺灣特殊的地理位置，並探究其對台灣氣候、生態及自然現象的影響。(社 3d-III-1社 Ab-III-1 語Bc-III-2)	主	輔		輔	
運用圖書館、網路與資料蒐集台灣自然歷史、文化與人物的相關資料，進行探究與實作，理解欣賞多元文化內涵。(社 3b-III-1、3d-III-1社 Bc-III-1 Cb-III-1國語2-III-1、2-III-6、5-III-12、Bc-III-2、綜 Ab-III-1)	輔	輔		主	
大量閱讀臺灣生活各面向的多元文本，運用工具整理摘要、比較不同文本中的訊息與觀點。(國語 5-III-11、社 Cb-III-1)		主		輔	
積極參與學習活動、仔細觀察、取得資料；擬定訪問題目，並透過訪問、追問獲得資訊。(社 3b-III-1、綜 2b-III-1、綜 Ab-III-1)	輔		主		
與同儕相互溝通、合作規畫並執行主題探究，運用合適的資訊媒體呈現小組學習成果。(國語 2-3-6、綜 1b-III-1、綜 Bb-III-2)			主	輔	輔

　　跨域進行課程統整與教學協作的好處無法盡述，在課程中學生有充足的時間，搜尋取得多元文本，深入探查、發現，擴展個人的背景知識及觀點。學生的學習空間也擴展至班級教室、校園、智慧教室、圖書館等場域；跨域協作更可促使學生從不同領域觀點探究、分析、思考臺灣社會、文化與環境的關聯，激發學生的興趣與好奇心，藉由爬梳臺灣大小事、探索文史古蹟等經驗，啟發學生連結過去與現在的脈絡，在自己與鄉土間搭起一座橋梁。

參、教學活動內容及實施方式

教學活動內容及實施方式	教學歷程（含時間）	教學資源	教學評量
解析各地名的由來與發展與其地理位置、自然環境或歷史文化的關聯性。（社 1b-3-2、社 Ab-III-1）	單元一　地名大搜索 一、準備活動 （一）邀請同學分享「雞籠中元祭」的活動或印象深刻的事情，如拜拜（普度）、放水燈、等。 （二）教師請學生說說目前六年級語文課或社會課程中與臺灣或與基隆有關的內容。 ✧學生分享：國語課文《冬天的基隆山》中提到冬天臺灣會受到東北季風的影響。 ✧學生分享：基隆的地名好像和基隆山是有關係的。 二、發展活動 （一）基隆地名解密 　　教師發下《臺灣鳥瞰圖：一九三〇年代臺灣地誌繪集》（1996），3 人共讀 1 本。 　　1.請同學概覽圖書，找出「基隆」在哪些頁面？ 　　2.學生找出第五章〈基隆市大觀〉 　　3.請學生再找找基隆山和基隆相關的段落，找到段落後讀一讀。	國語課本、社會課本、語文討論單 莊永明編撰（1996）。《臺灣鳥瞰圖：一九三〇年代臺灣地誌繪集》。臺北市：遠流。	口語評量（能分享課程內容或自己的經驗） 實作評量（能找出書中有關基隆地名的篇章或段落）

（續）

教學活動內容及實施方式	教學歷程（含時間）	教學資源	教學評量
	4. 請學生說一說找到的兩個段落在說些什麼。 (1) 學生：基隆山和基隆的八斗子灣相連。 (2) 學生：基隆山在基隆港東邊。 (3) 教師追問：有同學說基隆的地名和基隆山有關係，是因為它與基隆相連的原因嗎？ (4) 學生：書上寫到基隆山有五百八十九公尺高，所以從海面遙望基隆時，基隆山是明顯的地標。 (5) 教師：所以基隆地名的由來是因基隆山與基隆相連，而且從海上望向基隆，最清楚可見的就是基隆山嗎？書上還有沒有哪些段落是和基隆地名有關的呢？ 5. 請學生繼續找出有關基隆地名的段落，讀一讀後，小組討論基隆地名的由來。 6. 請學生說一說小組討論的結果。 7. 學生分享讀到不同基隆地名故事的感覺。 (1) 學生：原本以為地名的由來就只有一種，不知道有這麼多種不同的說法。		口語評量（能說出段落中的重點）

（續）

教學活動內容及實施方式	教學歷程（含時間）	教學資源	教學評量
	(2) 學生：基隆地名的由來有和「音」有關的；有和地形有關；有也和為了聽起來好聽一點而改變的。 8. 挖掘基隆地名故事：請學生在主題書區中，找出並紀錄有關基隆地名由來的相關資料，並註明資料來源。 9. 帶學生腦力激盪與基隆地名還有哪些可能相關之資料來源，紀錄下來。 10. 課後作業說明： 請學生利用不同方式來蒐集相關資料，如訪問、影片、電了資料庫、參觀博物館所等。 (1) 查找並紀錄至少三種不同的基隆地名故事或由來。 (2) 寫下自己最喜歡的一個故事。 介紹各種參考資料引用方式 (3) 書籍：作者（年代）。書名。出版地點：出版商。 ◇ 雜誌：作者（年月）。文章名稱。雜誌名稱，期別，頁碼。 ◇ 網站文章：作者（年月日）。訊息名稱【新聞群組、線上論壇或討論群組】。取自 http://xxx.xxx.xxx ◇ 中文報紙：作者（年月日）。文章名稱。報紙名稱，版別。	臺灣主題書區各種圖書	口語評量（能說出個人的感覺、發現或觀點） 口語評量（能說出至少二種參考資料來源）

（續）

教學活動內容及實施方式	教學歷程（含時間）	教學資源	教學評量
	（二）地名大搜索 1.請學生分享在查找基隆地名由來時，是否也注意到臺灣其它地方的地名由來。 2.請學生分享這些地方由來有什麼異同性。 學生：地名由來都很不同，有些與氣候有關、有些與先人的開墾有關。 3.請學生繼續查找出 5 個不同命名的由來並各列出其代表地名 2 個。 4.請學生分享查找到的資料以及資料整理的方式。 5.請學生討論哪位同學的資料整理方式最能讓人一目瞭然。 學生：用組織圖可以連結相關概念來統整資訊，表現出關聯性，讓讀的人容易理解內容。 6.介紹組織圖的分類應用：請學生說一說可以使用什麼樣的圖表將這些不同地名的由來進行分類。學生可能有的答案：范氏圖、分支圖、泡泡圖等。 7.學生以自己選擇的圖表進行各地地名由來的分類。 三、綜合活動 （一）學生展示地名由來的分類作品，同儕予以回饋。	A4 空白紙	實作評量（以組織圖表完成五種地名由來分類）

（續）

教學活動內容及實施方式	教學歷程（含時間）	教學資源	教學評量
	（二）指導學生回饋時應依據分類關鍵詞的適當性，上下位概念階層的關係是否合理評判。		口語評量（分享展示作品）
	（三）帶學生回顧在進行「地名大搜索」時，老師的引導步驟，從確認研究問題、進入資訊搜集、再組織、統整資訊、與同儕分享，最後評估目標的達成做為修正、調整的方向。這樣的步驟可以用於任何的研究主題或問題，依循著步驟加入個人的思考可以解決問題，產出有品質的成果。	A4 空白紙學生作品	口語評量（評估分類關鍵詞的適當性，上下位概念階層的關係是否合理）
	（四）將探究學習步驟海報張貼展示，讓學生隨時可以參照運用。		口語評量（反思學習過程，說出步驟）
大量閱讀臺灣生活各面向的多元文本，運用工具整理摘要、比較不同文本中的訊息與觀點。（國語 5-III-11、社 Cb-III-1）	單元一　（地名大搜索　第一、二節）結束 單元二　愛臺灣大連線 一、準備活動 （一）詢問學生對上次課程的印象，是否對基隆地名以及臺灣各地地名有更多的認識或想像？ （二）請學生分享課後作業「基隆地名故事」。 （三）請學生分享這些由來的異同點，並利用檢核表估評估筆記的優缺點。	探究學習五步驟海報	

（續）

教學活動內容及實施方式	教學歷程（含時間）	教學資源	教學評量
	<table><tr><td colspan="2">筆記品質自我檢核(做到請打✓)</td></tr><tr><td>找到資訊</td><td>找到回答研究主題的資訊，能說出資訊在說的是什麼。</td></tr><tr><td>找關鍵字</td><td>找出資訊中與主題相關的重要字詞（關鍵字）。</td></tr><tr><td>串成句子</td><td>用自己的話將關鍵字串起來，寫成句子。</td></tr><tr><td>完成筆記</td><td>讀一次自己的筆記，有沒有保留重要的內容，刪除不必要的細節？ 句子是否流暢，意思表達是否清楚？</td></tr></table> 二、發展活動 （一）愛臺灣大連線 　　1.介紹愛臺灣大連線九宮格任務。 　　2.愛臺灣大連線是個人的自主探究任務單，九宮格裡的每一個格子內皆有任務。 　　3.完成直、橫或對角線中格子內相對應的任務，才算連線成功，未連線的任務皆不予計分。	學生作品 筆記品質檢核表 愛臺灣大連線任務學習單 臺灣主題書區各種圖書	口語評量（分享展示作品） 實作評量（依檢核表指標評估自我筆記的優缺點）

（續）

教學活動內容及實施方式	教學歷程（含時間）	教學資源	教學評量
	4. 你應該注意到，在老師帶領及小組同學前兩節課的討論及實作中，我們已經完成了「基隆地名故事」及「地名大搜索」。 5. 完成這些任務你會需要稿紙、空白紙、任務單、美術紙，請至工具區取用，或者使用自備材料。請務必使用參考資料（圖書、網頁、電子資料庫皆可），使用上一筆資料可加 3 分。 6. 挑戰期限：即日起至 12 月 15 日止完成自選任務並形成連線，祝挑戰順利！	稿紙、空白紙、任務單、美術紙，各種材料讓學生取用	
	（二）大連線挑戰開始 1. 請學生參照前幾課老師引導的探究學習步驟，這樣的步驟可以用於任何的研究主題或問題，依循著步驟加入個人的思考可以解決問題，產出有品質的成果。 2. 學生開始挑戰自選任務，教師巡視並視學生能力及需求提供協助。 3. 下課前請學生填寫自我檢核表，老師可以了解學生需要的協助與進行的情形。	探究學習步驟海報 自我檢核表	實作評量（在檢核表紀錄任務、進度並評估自我學習表現）
覺察臺灣特殊的地理位置，並探究其對臺灣氣候、生態	（三）臺灣 Mind Map 1. 在學生進行愛臺灣大連線自選任務前，教師提供「Mind Map 心智圖」應用的迷你課程，介紹心智圖的不同功能。		實作評量（在檢核表紀錄任務、進度並評估自我學習表現）

（續）

教學活動內容及實施方式	教學歷程（含時間）	教學資源	教學評量
及自然現象的影響。（社3d-III-1、社Ab-III-1） 積極參與閱讀活動、仔細觀察、取得資料；擬定研究題目，並透過訪問、追問獲得資訊。（社3b-III-1、綜2b-III-1、綜Ab-III-1）	2. 請學生討論可以如何運用心智圖分析整理在自選任務中所蒐集到的資料。 3. 學生分享利用心智圖可以幫助他們完成「地圖」的任務：利用心智圖整理蒐集到的資訊，再把自己要呈現的內容，用自己的話寫出句子構成段落。 （四）臺灣筆記：認識研究利器 1. 認識筆記方格表 在學生進行愛台大連線自選任務前，先帶入「筆記方格表」應用的迷你課程。 (1) 說明筆記方格表的「欄、列」位置： ◇第一列寫「研究問題」：將與主題相關、想要探討的問題，一個題目寫在一個空格裡； ◇第一欄寫「參考資料來源」：寫出查找的書籍、雜誌或網站文章的作者、出版年、書名、網址等資訊，一個出處寫在一個空格裡。 (2) 老師以「植物」為研究主題，示範運用「筆記方格表」（搭配ppt教學）	心智圖ppt	口語評量（針對心智圖的應用，舉出實例） 口語評量（針對心智圖的應用，分享個人經驗）

（續）

教學活動內容及實施方式	教學歷程（含時間）	教學資源	教學評量
運用圖書館、科技與網路蒐集臺灣自然歷史、文化與人物的相關資料，進行探究與實作，理解欣賞多元豐富的文化內涵。（社3b-III-1、國語5-III-12、社Bc-III-1）	關於葉子，我想問的是「瓶子草的葉子為什麼長得像瓶子？」 「為什麼樹葉的顏色有所不同？」 「為什麼仙人掌的葉子刺刺的？」…… (3) 詢問學生，要將問題寫在哪裡？並引導學生將問題逐一寫到第一列的空格中。提醒學生提問時，以「六何法」提問（何人？何時？何地？何事？為何？如何？）增加研究的廣度與深度。 (4) 示範做筆記的方法 ◇找出能回答研究問題的資料中相關段落。例如：「樹為什麼會長葉了？」的問題，找到了這本書：許鐘榮（1998）。新知識-植物奇觀。台北：錦繡文化。 **做筆記策略——示範與練習** 研究問題：樹為什麼會長葉子？ 許鐘榮(1998)．新知識-植物奇觀．台北：錦繡文化。 樹和其他植物一樣，需要葉子來維生。葉子是樹的食物製造工廠，葉子含有葉綠素，那是綠色、黏黏的物質。葉綠素利用水、陽光和空氣中的二氧化碳，製造出含醣的食物，這種食物形成一種甜甜黏黏的的液體，叫做樹汁，樹汁會被運送到樹的全身。	學生作品	實作（寫出問題，在筆記方格表上的第一列，參考資料在第一欄）

（續）

教學活動內容及實施方式	教學歷程（含時間）	教學資源	教學評量
	✧引導學生說說看，協助學生說出這一段主要在說的重點。例如：這個段落是在說「樹長葉子以製造存活必須的食物」（多鼓勵學生提出想法）。 ✧說明「關鍵字詞」的意思，引導學生說出他所認為的「關鍵字詞」，並將「關鍵字詞」畫底線、標示出來，葉子、食物製造廠、葉綠素、水、陽光、二氧化碳、含醣食物、樹汁…… ✧練習做筆記：將其他「關鍵字詞」畫底線，再用自己的話，連接關鍵字詞，寫成筆記。 ✧用自己的話，連接關鍵字詞，寫成筆記。如：「樹需要葉子製造食物來維生，葉子中的葉綠素，會利用水、陽光和二氧化碳，製造含醣食物─樹汁。」。 (5) 學生實作練習 (6) 檢核、確認筆記與文本的差異：介紹「筆記品質自我檢核表」及運用方法，提供學生自我監控的策略。	筆記方格表	實作（寫出問題，在筆記方格表上的第一列，參考資料在第一欄）

（續）

教學活動內容及實施方式	教學歷程（含時間）	教學資源	教學評量
	<table><tr><td colspan="2" align="center">筆記品質自我檢核 (做到請打✓)</td><td></td></tr><tr><td>找到資訊</td><td>找到回答研究主題的資訊，能說出資訊在說的是什麼。</td><td></td></tr><tr><td>找關鍵字</td><td>找出資訊中與主題相關的重要字詞（關鍵字）。</td><td></td></tr><tr><td>串成句子</td><td>用<u>自己的話</u>將關鍵字串起來，寫成句子。</td><td></td></tr><tr><td>完成筆記</td><td>讀一次自己的筆記，有沒有保留重要的內容，刪除不必要的細節？ 句子是否流暢，意思表達是否清楚？</td><td></td></tr></table> (7) 請學生討論可以如何運用「筆記方格表」分析整理在自選任務中所蒐集到的資料。 (8) 學生分享利用「筆記方格表」可以幫助他們完成「簡報發表」任務，利用簡報來教同學有關臺灣的新奇知識，例如臺灣經典小吃。 (9) 利用筆記方格表及做筆記的方法整理蒐集到的資訊，這些筆記之後可以整合成為簡報的內容。 2. 愛臺灣大連線挑戰：確認自選任務主題、蒐集查找資料，並運用筆記方格表，將資料分類、統整，進行創作與分享。 3. 提醒學生注意智慧財產權、網站資訊的評估，及引用方式，標示來源方式等。教師須逐一觀察指導學生撰寫筆記、資料來源，確認同學理解方法及策略。	做筆記 ppt	口語評量（說出段落中的關鍵詞） 實作評量（寫出符合檢核指標的筆記）

（續）

教學活動內容及實施方式	教學歷程（含時間）	教學資源	教學評量
與同儕相互溝通、合作規畫並執行主題探究，運用合適的資訊媒體呈現小組學習成果。（國語2-3-6、綜1b-III-1、綜Bb-III-2）	（五）臺灣微電影 1. 在學生進行愛台大連線自選任務前，先帶學生進行「筆記統整」應用的迷你課程。 2. 根據主題架構，進行筆記資訊整理： (1) 教師示範如何將筆記進行分類、比較與統整。 例如：「臺灣的水污染」筆記方格表中有4個研究問題、14格筆記。 (2) 依研究問題及筆記內容找出主題架構： (3) 依主題架構將筆記內容填入其中，修改文句，檢查上下文意義是否連貫、句子是否通順、流暢。 (4) 再次檢查、修正，作品完成。 3. 數位敘事工具~認識故事板 (1) 教師播放學長姐們之前研究成果，如：動畫、簡報、微電影等，引發同學們對學習成果的展現形式有初步的想像。 (2) 利用故事板規劃微電影或簡報畫面 根據主題架構及統整後的作品完稿，在故事板規劃數位敘事的流程與圖文。	筆記品質自我檢核表 愛臺灣大連線任務單 筆記方格表 學生作品	口語評量（針對筆記方格表的應用，舉出實例） 實作（持續查找資料、紀錄於筆記方格表上）

（續）

教學活動內容及實施方式	教學歷程（含時間）	教學資源	教學評量
	(3) 故事板上分為影部與聲部，影部呈現畫面，聲部進行文字的整理。 (4) 數位敘事工具 　　老師介紹並分享學長姐利用各種數位科技工具實例—SEESAW 協作平臺、FLIPACLIP 動畫、PREZI、ANIMOTO、HAIKUDECK、VR、AR 等軟體展現研究成果。 (5) 請學生拿出故事板並討論、選擇利用最適合之簡報軟體 (6) 學生參照故事板流程與圖文，利用數位敘事方式完成簡報，以呈現學習歷程與研究成果。 (7) 規劃報告流程 　　◇學生討論成果呈現方式，如：演短劇＋簡報、簡報＋播放動畫。 三、綜合活動 （一）邀請學生分享成果製作的規劃方式。 （二）提醒學生繼續完成故事板及動畫或簡報的準備作。 （三）持續擴充筆記方格表資料，並記錄〈自我檢核與進度表〉。 單元二　（愛臺灣大連線　第三～十一節）結束	學生作品 故事板	實作評量（依主題架構統整筆記方格表） 實作(依故事板選擇最適合之簡報軟體創作)

（續）

教學活動內容及實施方式	教學歷程（含時間）	教學資源	教學評量
	單元三　看見臺灣策展與發表會（與製片有約、學生策展） 一、準備活動 （一）訂定策展與發表時間、班級練習時間。 （二）學生依據評量指標自評、修改作品、練習發表報告。 （三）公告與《看見臺灣》曾瓊瑤製片有約時段與內容，請學生預做提問與互動準備，並完成學習單。 二、發展活動 （一）與製片有約 　　1.播放齊柏林在 TED 上的演講，引發學生動機。 　　2.播放影片「看見臺灣」，引導學生從另一角度去理解臺灣的美麗與哀愁。 　　3.邀請《看見臺灣》曾瓊瑤製片至學校進行分享。 　　4.講座完畢後，請學生完成反思速寫。 （二）《看見臺灣》給我們的省思 　　1.從《看見臺灣》影片等相關資源的學習，請學生分享看法或省思 　　2.請學生將這些省思也規劃入策展中。	齊柏林 TED 演講 《看見臺灣》公播版 與《看見臺灣》曾瓊瑤製片有約	實作（選定成果呈現方式）

（續）

教學活動內容及實施方式	教學歷程（含時間）	教學資源	教學評量
	（三）學生策展 1. 公佈各班展覽及發表會日期及各班展出地點，請學生邀請其它老師、同學及朋友參觀展覽。 2. 討論展覽的策畫，帶學生參觀學校的主題書展或其它展覽。 3. 利用作者策展自評表來規劃展覽，學生利用各種工具將教室布置成看見臺灣展場。 4. 學生展示作品、創作流程及工具，並排練展覽的介紹。 5.《看見臺灣》展覽及發表會。 6. 規範上臺及下臺的方向、禮儀及發表時需要的音量。 7. 學生各組輪流上臺練習發表。 三、綜合活動 （一）再次進行發表、評分、建議與修正流程，以呈現最好成果。 （二）發表會結束後，邀請參與的老師、主任給予鼓勵與指導。	策展自評表 學生作品、策展工具（看板立架、電腦、投影機、音響、麥克風、美術用具）	實作（完成與製片有約學習單） 策展（利用各種工具布置成主題展並排練展覽介紹）

評量項目	一級棒	好棒	進步中	再加油	沒有嘗試
讓觀眾了解策展的想法					
選擇適合的創作方式及工具完成作品，以表達主題內容					
作品符合展覽主題					
說出安排某些作品及其它展示物品的方式及原因					

（續）

教學活動內容及實施方式	教學歷程（含時間）	教學資源	教學評量
	（三）請學生思考並分享「在自主探究過程中我學習到了什麼？」、「我是否有效的解決了問題？」 （四）肯定與鼓勵： 1. 發表會是學習歷程的展現，並非學習的結束，發表會給予學生舞台，展現專題探究的歷程與學習的成果。 2. 為同學們的努力研究喝采，期許大家下次做研究時，可將這次的經驗作為基礎，持續樂在學習。 單元三　（看見臺灣策展與發表會第十二～十四節）結束		發表（注意上下臺禮貌、及適當的音量）

肆、教學省思

一、當學生成為積極學習者與主動評量者，就是在享受學習的樂趣並體會學習重要性

　　高年級的課程教材（有時是在五年級，有時是六年級）因為語文領域的學習單元「臺灣印象」、社會領域學習主題內容「福爾摩沙我的家」。在課程設計時，我們就不斷的思考：我們的家鄉──基隆有什麼樣故事？住在基隆的人，常因為不了解基隆的歷史文化、對基隆缺乏認同感，導致對生活所在地的陌生與沒有感覺。如果孩

子對於這座城市毫無認識，又如何能讓他們對基隆產生認同感呢？而臺灣的美又美在哪裡？臺灣的一切都是美好的嗎？我們對臺灣又有怎麼樣的認識呢？這些想法，是我們每每上到與在地文化相關的課程時，經常面臨的困境與課題。

在不斷的思索與討論中，我們覺得除了課本的內容，應該再多做點什麼，來讓孩子對課程有更多的體會，對基隆、對臺灣能產生更多的認同。最後我們決定以「臺灣之美」為主題，運用「探究式學習」教學模式，引導學生進行自主探究學習，期許學生對基隆、臺灣的環境與文史發展有較以往更深入的理解，進而能產生更深厚的認同感。

我們確實看到了每一屆參與 14 節課的「愛臺灣大連線」挑戰任務的高年級學生，至少都能完成兩條連線，也就是至少達成 4 個任務，並產出多元的成果，如心智圖、旅遊摺頁、影片、簡報等。而其實更多的學生都可以完成所有的任務，並且作品品質絕佳！

學生在實作作品中呈現的非僅有知識的學習，更多是在學習內容中展現個人的想法或學習的反思：（1）我透過自選研究任務探討基隆產業發展，我也發現原來基隆有這麼多不同的地名故事，我更加認識基隆了！（2）這次愛臺灣大連線的課程也非常有趣，希望下次可以再有這樣的研究課程讓我們更深入了解家鄉文化的活動。（3）原來基隆有這麼多的砲臺，有些甚至就在我家附近，但我卻從不曾去了解它的歷史和來源，透過這次的課程，我終於對它有正確又完整的認識了，以後有朋友來拜訪我們，我想帶他們去這些砲臺參觀，也可以當個小小解說員分享我們所知道的歷史唷！（4）我學會收集有用的資料、學到如何整理筆記、把研究成果用不同方式創作出來。（5）做報告的方式是跟同學互動最好的方法，個人做完報告也很有成就感。

二、課程設計支持學生不同的天賦與成就

　　許多老師可能會認為六年級學生早應已熟習各種心智圖以及筆記方格表的應用，為什麼《臺灣之美》課程還要花時間帶心智圖或做筆記的技巧呢？其實就算只有一個班級，學生的能力差異與學習背景可能還是極為不同的。運用本課程教案的教師，班上的學生可能從未運用過心智圖，也不熟悉筆記摘要技巧，為了讓教師有清楚的指引可依循，課程中仍設計了心智圖與做筆記的迷你課程，再次回顧或再強化重要的學習策略，對所有的學生才是公平的！此外，本方案中規劃的微型探究任務其一「地圖」所著重的是「因果關係心智圖」，學生要找出文本中描述臺灣地理位置與氣候或生態的因果關係，並將這樣的因果關係繪製成心智圖，這對高年級學生甚至是國中生都可是不小的挑戰！因此，教師從帶領學生回顧心智圖，提供明確的、可理解的評量標準，讓學生回顧、多次練習，再進而挑戰之前較少有機會嘗試的因果關係心智圖整理、分析文本重要訊息，由簡至深，有了前頭搭建的架構，學生便可逐步完成學習任務。

三、規劃各種迷你策略課程推動探究進程

　　在引導探究課程時，我們發現學生較有困難的地方是：該如何找到適用的書籍資料？這麼多的資料在閱讀後要如何進行有系統的整理？運用各種資料的來源如何著錄出處以尊重原著的智慧財產權？以及如何結合數位軟體將學習歷程的結果呈現出來等。學生因此而停頓時，教師須敏察並檢視學生進度與內容，並提供各種為學生搭鷹架的迷你課程，讓學生依循修正策略，才能繼續完成進度，而更重要的是師長們適時的鼓勵與教學團隊教師共同的推進、督促。

四、教師協作投入推動探究課程

　　運用探究式教學模式，教學者在教學過程中更能聚焦於引導學生在不同階段的學習策略；而在學習過程中教師退居促進者的角色，鼓勵學生自己提出問題，尋找、分析並比較相關資訊，最後獲得問題的結論。其間，師生是彼此的發問者、回答者、尋找資料者、質詢者或思考者。學生不再是被動的知識接收者，他們是學習過程中的主角，擁有更多參與、自主學習的機會。學生所獲得的極大學習成就感與學習擁有感，將能促成他們培養主動探索的習慣及溝通合作、批判思考、後設認知、創造分享等能力。

　　探究學習課程提供具體可行的教學模式，其強調與課程（curriculum）、學習策略（learning strategies）、評量（assessment）、資源（sources of information）以及協作夥伴（teaching partners）間「有意義連結」的教學設計，讓課程有方向、學習者學習有樂趣，不僅能解鎖學生的資訊素養，更是培養自主學習者的關鍵，值得教師持續精進活用，投入心力、協作推動！

《臺灣之美》課堂短片

參考文獻

American Library Association. (2006). *Presidential Committee on*

Information Literacy: Final Report. ALA. http://www.ala.org/acrl/ publications/whitepapers/presidential (Accessed November 27, 2018)

Hartman, D. K., & Allison, J. (1996). Promoting inquiry-oriented discussions using multiple texts. In L. B. Gambrell & J. F. Almasi (Eds.), *Lively discussions! Fostering engaged reading* (pp. 106-133). Newark, DE: International Reading Association.

Kuhlthau, C. C. Maniotes, L. K., & Caspari. A. K. (2007). *Guided inquiry: Learning in the 21st century.* Santa Barbara, CA: Libraries Unlimited.

第七章　國中資訊素養教學實務
──SDGs 專題探究

　　當我們在進行資訊素養專題探究教學時，教師的角色往往是動態的，會隨著課堂上師生的互動對話修正歷程，Crawford（2000）指出在探究式教學活動中，教師參與的程度並非固定的，因此教師需要初步構思題目、蒐集資料、組織教學、監測學生計畫、示範資料蒐集和分析、鼓勵學生提出結論、指導報告撰寫等，所以教師在探究活動中不僅是引導學生學習，更要扮演學習夥伴的角色。此外教師實施探究教學時亦需具備豐富的學科知識、了解學生的學習能力、掌握探究活動的意義與營造吸引學生探究的情境（Keys & Bryan, 2000）。

　　十二年國民基本教育課程綱要以「素養導向」為概念，而非以「學科知識」為學習的唯一範疇，強調與情境結合並在生活中實踐力行，並將課程中學到的知識轉化成能力，應用在生活探索與解決周遭問題中（國家教育研究院，2014）。其核心的重點就是終身學習的概念。也因此，教學現場的教師需以學習者為中心，實施跨領域的協作教學，利用資訊素養教學模式，提升學生思考、探究、實作與專題寫作的能力，讓學生知道自己要學什麼、以及如何學習。

　　也因此，為能與世界脈動、生活環境緊密連結，培養學生批判思考及解決問題能力，並提升學生面對議題的責任感與行動力，針對十二年國民基本教育課程彈性學習課程：統整性主題／專題／議題探究課程規劃，我們運用 Michael Eisenberg 與 Robert Berkowitz（1999）提出的 Big6 模式，並結合聯合國在 2015 年提出的「2030

永續發展目標」SDGs（Sustainable Development Goals）為主題，進行資訊素養教學。

壹、教學設計

Big6（Big Six Skills，簡稱 Big6）是一種資訊尋求模式，也是資訊素養能力的培養方法，主要包含：定義問題（task definition）、搜尋策略（information seeking strategies）、取得資訊（location & access）、利用資訊（use of information）、統整（synthesis）與評估（evaluation）等六個步驟，做為問題解決模式。

Big6 模式具有適合各年級及各年齡，其六步驟是循環的，非線性（non-linear），並提供寬廣且從上而下的結構（Eisenberg & Berkowitz, 1999），能一步步地引導學習者面對問題、剖析問題、解決問題；過程由學習者自己掌控，教師不主動提供答案，而是由學習者自己找答案；主題的設定可融入於跨領域課程及日常生活中，創造一個浸潤式的學習環境。

事實上，在我們日常生活中有許多具討論性的跨領域主題，不僅涉及在對問題尋求答案，更可讓學生藉此探討各種可能的替代答案〈多元觀點〉，分析各種答案背後的觀點〈價值立場〉，進而澄清價值，選擇方案和做決定，甚至產生行動。

因此，本課程以聯合國在 2015 年提出兼備經濟成長、社會進步、環境保護三大面向的永續發展目標（Sustainable Development Goals，簡稱 SDGs）為主題，在資訊素養探究課程中，融入 SDGs 讓學生更清楚看到世界、臺灣、社區乃至校園，讓同學跳脫框架，透過參與、探索、解釋、與評鑑建立自己對主題的理解與觀點。其 17 項發展目

標如下：

SDG 1　終結貧窮：消除各地一切形式的貧窮。

SDG 2　消除飢餓：確保糧食安全，消除飢餓，促進永續農業。

SDG 3　健康與福祉：確保及促進各年齡層健康生活與福祉。

SDG 4　優質教育：確保有教無類、公平以及高品質的教育，
　　　　及提倡終身學習。

SDG 5　性別平權：實現性別平等，並賦予婦女權力。

SDG 6　淨水及衛生：確保所有人都能享有水、衛生及其永續
　　　　管理。

SDG 7　可負擔的潔淨能源：確保所有的人都可取得負擔得起、
　　　　可靠、永續及現代的能源。

SDG 8　合適的工作及經濟成長：促進包容且永續的經濟成長，
　　　　讓每個人都有一份好工作。

SDG 9　工業化、創新及基礎建設：建立具有韌性的基礎建設，
　　　　促進包容且永續的工業，並加速創新。

SDG 10　減少不平等：減少國內及國家間的不平等。

SDG 11　永續城鄉：建構具包容、安全、韌性及永續特質的城
　　　　市與鄉村。

SDG 12　責任消費及生產：促進綠色經濟，確保永續消費及生
　　　　產模式。

SDG 13　氣候行動：完備減緩調適行動，以因應氣候變遷及其
　　　　影響。

SDG 14　保育海洋生態：保育及永續利用海洋生態系，以確保
　　　　生物多樣性並防止海洋環境劣化。

SDG 15　保育陸域生態：保育及永續利用陸域生態系，確保生
　　　　物多樣性並防止土地劣化。

SDG 16　和平、正義及健全制度：促進和平多元的社會，確保司法平等，建立具公信力且廣納民意的體系。

SDG 17　多元夥伴關係：建立多元夥伴關係，協力促進永續願景。

　　我們期待學生藉由認識、探究 SDGs，領悟到我們都是地球上的一員，透過理解統整、同理關懷，教導學生認真看待世界所發生的問題，並找出各種可能的解決方案，從過程中閱讀、思考、探究、行動，最終型塑在地關懷且具國際化的視野與態度。

　　本課程由圖書教師教授七年級學生資訊素養閱讀教學，規劃 20 節的學習活動與課程內容，教學設計如下：

節次	教學主題	教學內容	教學目標
1-2	建立學科背景知識：什麼是資訊素養？	介紹資訊素養與 Big6	讓學生清楚了解： 1. 有效率的接近資訊。 2. 能批判及評鑑資訊。 3. 正確且有創造力的使用資訊。 4. 從問題思考、資料搜尋、利用、整合、評鑑和完成報告中「學習如何學習」。
3-5	定義問題──定義問題所在與確定所需要的資訊	1. 以圖片或影片引導學生初探我們所居住的星球-地球。 2. 介紹 SDGs，認識聯合國 17 項 SDGs 永續發展目標。 3. 小組從 17 項永續發展目標中，討論共同想探索的問題。 4. 檢核研究問題。	讓學生清楚了解 1. 我需要回答什麼樣的問題？ 2. 我需要什麼樣的資訊？ 3. 我需要解決什麼樣的困難？ 4. 我需要縮小我的研究主題嗎？

（續）

節次	教學主題	教學內容	教學目標
6-8	搜尋策略──確定可利用的資訊範圍並列出優先順序	1. 介紹多元的資訊來源。 2. 確認可利用的資訊來源。 3. 選擇資訊來源的優先順序。	讓學生清楚了解 1. 我可能用到的資源有哪些？ 2. 我應該使用哪些索引資料？ 3. 我會使用各種資訊來源嗎？ 4. 最適合我探究問題的參考資源是哪一種？
9-11	取得資訊──找到資訊的資源所在並取得資訊	1. 使用關鍵字檢索。 2. 會使用布林邏輯檢索。 3. 文獻資料檢核與運用。	讓學生清楚了解 1. 哪裡可以找到我最需要的資源？ 2. 誰可以幫我找到我需要的資料？ 3. 我能找出關鍵詞，並且用 4. 關鍵詞查詢嗎？
12-14	利用資訊──包括閱讀資訊與摘要資訊	1. 閱讀搜尋訊息並摘要。 2. 引註資料來源／APA 格式第七版。 3. 避免違反學術研究。	讓學生清楚了解 1. 哪些資訊是適切的？ 2. 我要如何記錄我發現的圖形資訊？ 3. 如何以自己的話記錄所擷取的資訊？ 4. 我將如何呈現我的探究結果？ 5. 如何有效的呈現我的資料？

（續）

節次	教學主題	教學內容	教學目標
15-17	統整資訊——組織搜尋到的資訊與呈現資訊統整的成果	1. 專題報告架構。 2. 專題簡報分工。 3. 雲端共作。	讓學生清楚了解 1. 我如何從複雜的資源中組織資訊？ 2. 我能刪除那些與我問題無關的資訊嗎？ 3. 我將如何呈現我的探究結果？ 4. 我的結論是什麼？
18-20	評估——包括評鑑作品與評鑑過程	1. 分組發表。 2. 同儕互評。 3. Big6 自我評量。 4. 教師評量。	讓學生清楚了解 1. 我已完成報告的需求嗎？ 2. 我是有條理的組織與仔細的校對嗎？ 3. 這是我最好的作品嗎？ 4. 下次我可以如何改進？

貳、實施方式

一、Big6-1 定義問題

　　特斯拉執行長馬斯克說：問題比答案難找。在進行定義問題教學時，教師必須思考：我要如何提問，才能啟發學生參與探究？我要如何引起動機，讓學生面對陌生、沒有學過的主題，也能主動學習、積極思考？我可以做些什麼來引導學生之間有更良好的互動？然後引導學生解讀問題、不設限的發想、盡情的拋出點子再聚焦討

論。

（一）學生分組：採用異質性分組的方式，4 人一組，若班級人數
　　　非 4 的倍數，則部份為 5 人一組。

（二）引起動機：

　　　1. 教師以圖片或影片引導學生初探我們所居住的星球──地
　　　　 球。

　　　2. 介紹 SDGs（Sustainable Development Goals）。

　　　3. 認識聯合國 17 項 SDGs 永續發展目標。

（三）綜覽與了解研究主題：透過閱讀書籍、期刊、報章、影片或
　　　數位資源，讓學生明瞭地球所面臨的氣候變遷、經濟成長、
　　　社會平權、貧富差距等難題，並進行筆記。

（四）K、W 提問：對於這個議題學生了解多少？我們需要先知曉
　　　班上同學的先備知識與各組成員感興趣的議題，學生不需有
　　　填寫標準答案的壓力，教師應採用開放與鼓勵的態度提問，
　　　請各組同學集思廣益共同完成下表。

　　　1. 我已知（What I Know?）：關於 SDGs 你知道？

　　　2. 我想知（What I want to know?）：哪些永續發展目標是你
　　　　 想了解與關注的？

（五）小組成員從 17 項永續發展目標中，討論共同想探索的其中一
　　　項永續發展目標，再訂定探究問題。例如同學將「SDGs」將
　　　其寫在第一層，這是屬於廣泛的主題，第二層則縮小主題的
　　　範圍，第三層則寫下第二層各自分類出來更小的題目，直到
　　　得到一個合適的主題。

表7-1　定義問題K、W提問單

What I Know?		What I want to know?	
學生1：	學生2：	學生1：	學生2：
學生3：	學生4：	學生3：	學生4：

資料來源：作者自行製作。

圖7-1　聚焦討論訂定探究問題

資料來源：作者自行繪製。

（六）檢核研究問題：運用下表讓組員自行檢核所訂定的問題是否恰當，亦可請各小組上台介紹小組決定研究問題及具體目的，再由其他小組根據檢核表進行組間互評，若檢核結果不佳時，小組應再修正所探究的題目。例如某一小組所定義的問題為：SDG 5 性別平權——宗教信仰與性別平等，但此主題範圍太大，對國一學生相對困難，經再次討論後小組成員決議將題目改為：SDG 5 性別平權——伊斯蘭教下的女性。

表7-2　檢核研究問題

檢核項目	檢核結果	
1. 與主題相關性	□與主題相關	□與主題不相關
2. 價值性	□有價值研究	□無價值研究
3. 範圍	□適切	□過大　□過小
4. 可行性	□可研究	□無法研究
		原因：
		□時間　□經費　□資料來源
		□其他＿＿＿＿＿＿＿＿＿＿

（七）確定所需的資訊：小組利用圖像組織討論，設定研究題目之次主題，並分工分責，由每一位成員負責一個次主題，並藉由討論的過程，讓小組成員認識彼此，建立團隊。

圖 7-2　確定所需的資訊

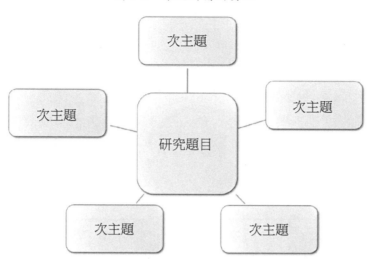

資料來源：作者自行繪製。

　　學生在定義問題時，必須能夠透過不同方式理解主題，描述出問題所需求的先備知識，利用方法檢測所提出的問題是否適切，更明瞭所定義問題的重要性與可研究性並確認解決問題的資訊需求。同時，小組成員對研究主題充滿好奇心和研究的興趣，除了能傾聽別人的說明，也能清楚的表達自己的意見，如此方能在尋找問題、解決問題時產生積極的態度，進而建立團隊學習的合作模式。

二、Big6-2 搜尋策略

　　在 21 世紀資訊暴漲的時代，資訊以多元的方式呈現在我們周遭，其可能是電視、電影、廣播、音樂、廣告、報章雜誌、網路資源等不同的媒體，亦可能以插圖、照片、繪圖、圖表、地圖等圖像表示，因此學生需要學習運用不同的管道蒐集資訊，如：

（一）圖書館館內可用的資源：教師介紹學生認識不同的圖書館類型，如國家圖書館、公共圖書館、大專校院圖書館、中小學圖書館、專門圖書館等，學習運用線上公用目錄查詢系統以及認識圖書館圖書資料類型，如一般資料：圖書、教科書、期刊、報紙、論文集、政府出版品及手稿檔案等，或參考資料：字典、辭典、百科全書、年鑑年表、法規彙編公報、統計資料及名錄等。

（二）數位資源：以國立公共資訊圖書館為例，包含數位閱讀推廣、電子書、語言學習、兒童樂閱讀、期刊報紙、電影休閒、自然與社會科學、人文與藝術、原住民學習資源、數位典藏等數位閱讀資料庫。

（三）訪問或田野調查：除了從既有的理論中推衍或個人經驗中尋找，亦可詢問師長、專家、家長或同儕，請其協助提供相關訊息，或從前人研究文獻資料中發現。

　　依此確認可利用的資訊來源，根據所研究的題目，思考能運用哪些資源搜尋資料？

表7-3　可利用的資訊來源

紙本類	線上資源	其他
□圖書	□資料庫	□問卷
□百科全書	□電子書	□訪問
□期刊	□電子期刊	□田野調查
□報紙	□報紙	□視聽媒體
□地圖	□其它	□直接體驗
□其它		

決定可利用的資訊來源後，選擇出最適宜的資訊來源，將可能用的資源，按優先順序列出。

表7-4　可利用的資訊來源的順序表

	學生 1	學生 2	學生 3	學生 4
待解決問題				
資訊來源《1》				
資訊來源《2》				
資訊來源《3》				
資訊來源《4》				

　　透過搜尋策略，學生能建立圖書館資訊利用的概念，認識與利用電子資料庫、電子書、視聽媒體、電子期刊、新聞知識庫等數位資源。培養應用各類資料、多元文本的能力，從中體會公共資訊無償使用之珍貴，進而熟練應用學校圖書館與公共圖書館的館藏資源。

三、Big6-3 取得資訊

　　在明瞭多元的資訊來源後，接下來學生必須有效的檢索取得所需的資訊，如使用圖書分類號、主題、學科專業詞彙檢索各類型工具或專題資料庫。

教師同時也教導學生學會在網際網路上找到合適的資訊：

（一）使用關鍵字檢索：所謂的關鍵字（Keyword）是指呈現文件主題意義的最小單位，是研究問題中的重要名詞，如重要作者、書名、概念，及使用索引時所用到的詞彙。

（二）布林邏輯檢索：運用 AND OR NOT 三種運算元組合關鍵字用以擴大或縮小檢索範圍。

（三）使用「filetype」搜尋特定文件形式：如「關鍵字 filetype：pdf」、「關鍵字 filetype：word」可獲得較完整的報告。

（四）如果我們想要看看，同一個關鍵字在其他的國家／地區是展現怎麼樣的搜尋結果，可以試試「location」。例如我們搜尋「可負擔的潔淨能源 location：A 國家名」和「可負擔的潔淨能源 location：B 國家名」的結果可能就不盡相同，此可以用於想要研究不同國家，對於同一主題的不同的現況與解決方法。

接著教師說明資訊評鑑時需留意的重點：

（一）WHO：這篇文章的作者是誰？有無負責單位？

（二）WHEN：這篇文章張貼或更斯的日期為？

（三）WHERE：網址是否顯示有關作者或來源的任何訊息？如.edu.org.gov

（四）WHAT：網頁上題名是否與網頁內容相符合？

（五）WHY：網頁提供的資料訊息對學生所探究的內容有幫助？與其他資源相比此資訊是正確的，且可以增加學生對此主題知識的了解。

同時讓學生運用文獻資料檢核表進行檢核評鑑，以確保資料的權威性、正確性、合理性與證據力。

表7-5　文獻資料檢核表

作者	A.作者名字有呈現在網頁上 B.作者學經歷有呈現在網頁上 C.作者聯絡資訊有呈現在網頁上
信度	D.資料文獻清楚陳述目的 E.作者或贊助者在此主題領域是權威專家 F.資料文獻沒有性別、種族與宗教的偏見
日期	G.資料的創作日期是近期且有更新
網址評估	H. edu .gov. org 優先
內容	I.網頁上的題名告訴你網頁資訊 J.資料的訊息對你有幫助 K.與其他資源相比此資訊是正確的 L.此資訊可以提高或確認你對此主題的知識 M.此資料的圖片、照片、圖表與影片可以幫助你了解此主題

表7-6　文獻資料檢核評鑑表

研究問題	資料來源	符合評鑑項目 （請填寫 A～M 代號）	評估資料是否可用
第 1 筆資料			□是　□否
第 2 筆資料			□是　□否
第 3 筆資料			□是　□否
第 4 筆資料			□是　□否
第 5 筆資料			□是　□否

藉由資訊檢索與資訊評鑑的過程，學生可以認識各種資訊來源的所在位置，能使用學校、公共圖書館找到合適的資訊資源，或透過網路、線上資料庫與相關專家找到所需的資訊，利用採訪、調查，收集資料交換意見以獲取所需的資訊。

四、Big6-4 利用資訊

　　學生取得所需的資訊後，閱讀理解資料，並能以自己的話摘要與研究問題相關的資訊，閱讀所搜尋到的訊息並摘要，進一步了解不同資料來源各有其觀點，且觀點之間會有差異，歸納分析後從其中發展自己的觀點。

（一）學生閱讀所搜尋到的訊息並練習多文本摘要，書寫內容包括：

　　1. 文章的作者。

　　2. 文章的標題。

　　3. 刊載這篇文章的期刊、報紙、書籍、線上資源的出版日期、出處、網址等相關資訊。

　　4. 用一句話簡單描述文章大意，再以一段文字（4-7 句）來摘要文章最重要的訊息，亦可使用條列方式記錄資訊。

（二）從閱讀不同來源與作者的文本中，比較不同資訊來源間觀點的異同，培養學生獨立思辨的態度與習慣。

（三）建立不抄襲、尊重他人智慧財產權的觀念，重視原創性及真實性，力求客觀公正與注意個人隱私，培養學生負責任的研究行為及態度。勿違反相關學術研究倫理，如：

　　1. 資料蒐集程序不當：虛構不存在之研究資料及數據。

2. 捏造或篡改（變造）實驗數據：對研究資料做不實之變更或隱匿。

3. 剽竊或抄襲：未經同意或適當的標註使用他人之文章、圖片或結果。

4. 重複發表或出版研究成果：同一研究結果卻對不同單位重複投稿發表。

　　最後教師再提醒學生思考一下，對於所搜尋、取得、利用的訊息：我同意作者的觀點嗎？我的看法是？我所搜尋到的資訊是否都能回答我的問題？我有足夠的資訊完成我的研究嗎？我需要修正所定義的次主題或搜尋策略嗎？

　　並告訴學生，Big6 在實施過程中不全然是線性，而是循環式或網狀式的進程，學生在了解搜尋資料、閱讀資料後，有些問題被解決，但也可能發現新問題，此時就需要再重新定義所探究的問題，甚或再重新搜尋、取得、利用資訊。不要怕錯誤或掩飾錯誤，修正了再重新開始。

五、Big6-5 統整資訊

　　在專題探究過程中，教師訓練學生思考主題、提出問題、搜尋資料、閱讀理解、組織思辨、最後形成結論、產出小組探究成果並提出自己的見解。目的是透過整個過程報告來了解學生的創造力、專業知識、資料的判斷與運用、價值觀與表達能力。

　　因此，當學生進行閱讀統整主題的資料，並比照不同的資料提出觀點，接下來即開始挑戰運用資訊科技完成專題報告。

　　在國中教學現場，有時學生會組隊參加相關專題競賽時，比賽單位通常會自訂辦法說明書，這時我們就依照規則完成相關報告，

除此之外，適合指導國中生進行的統整資訊可以是科學展覽、專題報告、文藝創作、行動方案、簡報發表、戲劇展演、報紙編輯、手作創客、辯論、桌遊設計、微電影拍攝、廣播劇錄製等多元活潑的方式進行。其中教師最常使用的專題報告與簡報教學，其教學重點如下：

（一）專題報告基本架構：一篇出色的專題報告，必須符合題旨、觀點前後一致，展現創意、表達妥當等幾個重點，其主要分四大段落。

　　1. 前言

　　　　此處可以就為何選擇這個題目，透過什麼方法、運用什麼概念進行資料搜集，整篇文章的討論架構與範圍，以及想要達成的目的擇要而寫。

　　2. 正文

　　　　在內容上應特別強調相關資料的引用、彙整、分析、辯證，並包含對此問題研究的回顧、研究心得、發現與見解。

　　3. 結論

　　　　主要包括研究過程中所遇到的種種現象思考、或根據研究結果提出看法，以及提出未來值得進一步研究的方向。理想的結論，能夠總結正文的內容，還能提出問題，並表現自己的創意。

　　4. 參考文獻

　　　　在寫完結論後，按照順序，以條列方式，依照資料來源，根據不同的格式，撰寫引註資料；不論是改寫文或直接引用文，都應在報告中註明資料來源，而不可只有抄襲他人著作。

（二）引註資料來源：國內中文期刊的出版單位各有制定其投稿規
　　　範及寫作格式，以貼近該學科領域之需求，全國高級中等學
　　　校小論文寫作比賽亦有其引註及參考文獻格式範例，在此我
　　　們以最新版的教育學門論文寫作格式指引：APA 格式第七版
　　　之應用為例說明（林雍智，2020）。

1. 圖書

作者為一人

作者（年代）。**書名**（版次），出版商名稱。DOI 或 URL（若有）

作者為二人以上

作者 1、作者 2（年代）。**書名**（版次），出版商名稱。DOI 或 URL（若有）

有編輯者編輯的書

編者（編）（年代）。**書名**，出版商。

翻譯為中文的翻譯書

作者（年代）。**書名**〔翻譯者譯，版本〕。譯本出版商名稱。（原著出版年：年代）

辭典、詞庫、百科全書

作者或團體名（年代）。**書名**。年月日，取自 URL（若有）
作者或團體名（年代）。**書名**（版次）。出版商名稱。URL（若有）

---

2. 期刊

作者為一人

作者（年代）。題目。**期刊名稱，卷**（期），頁碼。DOI（若有）

作者為三人

作者 1、作者 2、作者 3（年代）。題目。**期刊名稱，卷**（期），頁碼。DOI（若有）

外文文章改為中文期刊

作者 1、作者 2（年代）。原文文章名稱〔中譯文章名稱〕。**期刊名稱，卷**（期），頁碼。DOI（若有）

---

3. 報紙文章

報紙文章（含紙本與線上報紙）

作者（年月日）。文章名稱。**報紙名稱**。版次或網址

4. 網頁與網路社群媒體

有個別作者的網頁

作者（年月日）。**網頁名稱**。網站名稱。網址

有團體作者的網頁

作者（年月日）。**網頁名稱**。網址

網頁加上擷取時間

作者（無日期）。**網頁名稱**。網站名稱。年月日。取自 URL

Facebook

用戶名稱（年月日）。**Po 文的題目或 20 字以內的內文**。〔附圖〕〔更新狀態〕。
Facebook，URL

Instagram 的照片或影片

用戶名稱〔@用戶帳號〕（年月日）。**主題**〔照片〕。Instagram。URL

5. 影音媒體

中文影片

導演姓名（導演）（發行年代）。**影片名稱**〔影片種類〕。發行公司名稱。

中文電視節目

製作人姓名（年代）。**電視劇名稱**〔連續劇〕。製作商：電視台。

YouTube 或其他串流影片

創作者／製作人／網紅姓名（年月日）。**影片名稱**〔影片〕。YouTube，網址

中文音樂專輯

歌唱者（年代）。**專輯名稱**〔專輯〕。發行商。

地圖

作者（年代）。〔**地圖名稱**〕。年月日，取自＋網址

作者（年代）。**地圖名稱**〔地圖〕。出版商名稱。網址

照片

作者（年代）。**照片名稱**〔照片〕。出版商名稱。網址

PowerPoint 投影片

作者（年代）。**題目名稱**〔PowerPoint 投影片〕。來源。網址

6. 中文雜誌

紙本雜誌文章

作者（年月）。文章名稱。**雜誌名稱**，卷（期），頁碼。

線上雜誌文章

作者（年月日）。文章名稱。**雜誌名稱**。URL

（三）專題簡報製作技巧：小組成員分工合作，運用專題簡報分工表，討論簡報綱要與負責成員，基本範例如表 7-7。

　　製作簡報時，需提醒學生注意版面編排美觀，圖文用色及字型大小需易於閱讀，單頁文字不宜太多，背景、動畫、音效、配樂搭配得宜，以能加深閱聽者對主題內容的認識與興趣為主，文句語詞內容分類與層次分明富邏輯性，突顯重要內容且具正確性及流暢性，並呼應研究目的、研究問題和研究結果。

表7-7　專題簡報分工表範例

第 1 頁 【題目、成員】 負責組員：	第 2 頁 【研究動機】 負責組員：	第 3 頁 【概念圖】 負責組員：
第 4 頁 【次主題一】 負責組員：	第 5 頁 【次主題一】 負責組員：	第 6 頁 【次主題二】 負責組員：
第 7 頁 【次主題二】 負責組員：	第 8 頁 【次主題三】 負責組員：	第 9 頁 【次主題三】 負責組員：
第 10 頁 【次主題四】 負責組員：	第 11 頁 【次主題四】 負責組員：	第 12 頁 【討論與結論】 負責組員：
第 13 頁 【研究心得】 負責組員：	第 14 頁 【參考文獻】 負責組員：	第 15 頁 【謝謝／THE END】 負責組員：

圖 7-3　學生針對 17 項永續發展目標完成專題簡報的研究心得

這次的課程讓我們學習到如何利用書籍、期刊和網路查詢資料，閱讀理解找出文章中的重點並完成簡報並發表，我們也了解更多關於性別平權和 SDGs 的知識。往後，我們知道如何在面對問題時自己尋找解決方法。

- -

我們學習到如何探討主題，發現問題，查找資料、擷取資訊，再進行統整，最後做成有脈絡的報告。也探究了我們一直想關注的議題，而不是空有想法，沒有作為。

- -

我們學習到如何利用 Big6 這種資訊尋求模式去做一份完整的報告，並且利用這個方法幫助我們更快速的尋找到所需的資料，在尋找資料的過程中，我們也認知到過度浪費食物對我們後代造成的影響。

- -

在這次的專題報告中，我們學到了如何去搜尋資料、摘要文章中的重要字句、製作簡報的方法，以及勇敢表達自己。在過程中，我們體會到了自己有很多的不足，但也因此學到了很多以前沒學過的東西。是一個很棒的 experience!!

資料來源：作者自行繪製。

六、Big6-6 評估

當學生完成一份專題報告，同時也應能使用流利的口語表達技巧呈現專題報告內容，與他人交流分享研究成果，並培養鑑賞自我及他人作品的能力，除了能以自己的作品為榮，也同時能夠透過分享，學習他人的長處，最重要的是我們期待學生下一次更棒。

教學活動包含：

（一）報告前的準備：確認小組成員報告的責任內容、時間分配、彩排、軟硬體設備、邀請卡、海報宣傳等。

（二）上台報告的注意事項：

1. 小組上台的禮儀、招呼語、服裝儀容。

2. 報告時，音量應該讓每個人都能聽得清楚，隨時面對評審及觀眾，且神情眼神自然面帶微笑，語調根據內容抑揚頓挫，避免潛意識的習慣語及習慣動作，並適時加入手勢。

3. 報告的內容條理分明，前後有序，時間應事先排練並估算是否需要增刪，以符合時間分配，口語內容與簡報呈現應同步進行。

（三）同儕互評：教師設計適宜班級學生使用的互評表，盡量使用正面的文字敘述，再請學生在小組報告時填寫。

（四）學生自評：教師設計適宜班級學生使用的自評表，以表格式或開放式問答讓學生在最後一堂課填寫，以了解學生對自己學習過程、學習結果的想法，引導學生思考未來可以怎麼做會更好。

表7-8　Big6同儕互評表

我最喜歡第 ____ 組的作品

原因是
1. 他們的蒐集資料　□完整　□豐富　□種類多元　□其他
2. 他們的作品呈現方式　□創意　□活潑　□清楚易懂　□其他
3. 他們的表達技巧　□生動　□印象深刻　□脈絡清晰　□其他
我給他們的
讚美：……………………………………………………………
建議：……………………………………………………………

表7-9　Big6自我評量表

Big 6	項目	是	否	說明
Big 6-1	我成功的經由研究找到所探究問題的答案。			
	對我所選擇的探究主題我很有興趣。			
	如果有人問我，我可以向同學解釋我的主題。			
Big 6-2	我能從一些可信的資源裡蒐集到資訊。			
Big 6-3	我使用的資訊能幫助我回答探究的問題。			
Big 6-4	我成功地使用筆記策略來記錄我蒐集到的資訊。			
	我能夠用我自己的話陳述我所蒐集到的資訊。			
	我對我在這個專題中使用的資訊來源有給予了適當的評價。			

表7-9　Big6自我評量表（續）

Big 6	項目	是	否	說明
Big 6-5	我最終成品符合所預期的要求。 我的成品是經過許多思考和認真工作的結果。 我為我的最終成品感到自豪，並且願意與其他同學分享。			
Big 6-6	在開始報告前，我已清楚理解我們的課題。 我有正確的記錄參考文獻。 我完成的作品符合原先的期望。 我能有效率的管理使用時間。 我很滿意我們小組的合作。			

開放式問題：

1. 在這次資訊素養課程中，我們學到？

2. 在這個學習過程中，我們遇到的困難有？

3. 我們怎樣嘗試去解決這些困難？

4. 下一次進行專題探究時，我們將如何的改進，讓自己做的更好？

（五）教師評量：教師可依據學生的學習狀況與學習目標擬定教師評量規準表（Rubrics），並事先告知學生專題評量規準。

表7-10　專題報告教師評量規準表

	很優秀 3 分	普通 2 分	再加油 1 分	得分
創意	題目具有創意及可行性	題目具有少部分創意及可行性	題目語意不清、無創意性	
資料蒐集	利用學校圖書館、公共圖書館及網路蒐集資料	利用學校圖書館及網路蒐集資料	利用學校圖書館蒐集資料	
協作能力	小組工作分配得宜、彼此支援	小組工作分配公平但組員彼此不支援	無法有效完成小組工作分配	
學習態度	負責、工作表現有一定的素質	工作表現尚可，但無礙整體進度	常依賴他人，未能按工作進度完成任務	
內容完整	寫出閱讀的重點、以文字圖表歸納資料、結構完整	寫出閱讀的重點、以圖表歸納資料	資料完整度不夠、結構鬆散	
參與程度	所有組員熱情參與討論、氣氛融洽	部分組員參與討論但氣氛較冷清	缺席大部分會議，即使參予也鮮少發言	
運用資訊科技能力	以多種圖表呈現、排版適當、色彩運用得宜	有運用色彩、圖或表、版面排版尚可	沒有運用色彩、圖表及版面排版凌亂	
自我管理能力	有效管理時間、按照計畫進度準時完成	在預計的時間內完成	無法在預計的時間內完成	
總計				

參、教學省思

　　筆者擔任教育部圖書教師，從 2011 年即開始在國民中學教授資訊素養課程，除了圖書資訊利用教育，也融入到自然科學課程，在暑期輔導、社團課、資優方案、營隊中指導學生專題探究，並與其他學科同仁協作教學。在授課的課程中，深深體會學生對這門課的喜愛，學生在探究課程中的專注度與投入度遠高於其他課程。

　　根據《國中圖書教師閱讀課教學對七年級學生閱讀理解與資訊素養能力學習成效之影響》的研究顯示，學生普遍認為在接受此課程學習後，不論在閱讀策略的學習表現與閱讀測驗成績均較以往進步，此課程有利於學生學習能力提升（巫采蓉，2018），透過資訊素養專題探究課程，發現學生對資料整合與分析更熟練、組員間溝通互動良好、也提高成員積極參與度，進而更深入了解各探究專題的知識，透過小組分工合作使同學體認團隊合作的重要性、也肯定探究式學習為其帶來成長，有學生說：「發現上課不是只是一味的聽講，而是可以閱讀與思考，提出觀點，這樣的感覺和其他課程很不一樣」。在資訊素養課程中，學生學到了閱讀理解、統整寫作、圖表使用、資訊科技、學科知識、溝通表達、研究技巧、自主學習、認知與解難。

　　透過結合 17 項 SDGs 永續發展目標為主題的專題探究，學生不僅是更認識 SDGs，在資訊取得、閱讀統整中學習與思考，理解到真實環境中我們可以完成的行動與態度，此課程也讓學習與國際接軌，在經驗中學習同理與反思。

　　而在教授資訊素養課程時，老師亦需檢視自己，在課堂上是否

隨時關注到學生的需求，積極協助學生解決問題，引導學生創新思考與激發學生的潛能，而非是傳授了哪些知識內容，教學活動中鼓勵每位學生相互溝通，互動地閱讀與使用資訊工具，讓學生成為教室裡的主角，藉由主動提出探究的問題，找尋資料，實際進行探究並自行發現答案所在，培養學生自學的學習習慣與能力。

　　這樣的課程，讓學生從問題思考開始、資料搜尋、利用、整合資訊、評鑑過程中「學習如何學習」；能拆解任務、規劃時程表，依時程表準時完成任務，建立「專題管理能力」；在錯誤中學習，建立試錯的信心，專題探究是沒有標準答案的，培養「解答未知問題」的能力，進而成為有思考能力的團隊合作者，而非記憶知識的人。

　　資訊素養能與社會脈動、生活情境緊密連結，培養學生批判思考及解決問題能力，並提升學生面對議題的責任感與行動力，在教學中，教師必須保持著以人為本，鼓勵團隊合作，隨時積極正向思考、回饋修正與學習，相信教學必存在更好的可能，我們要有自信自己可以讓更好的可能發生。

參考文獻

林雍智（2020）。教育學門論文寫作格式指引：APA 格式第七版之應用（初版）。心理出版社。

巫采蓉（2018）。國中圖書教師閱讀課教學對七年級學生閱讀理解與資訊素養能力學習成效之影響〔未出版之碩士論文〕。國立中興大學圖書資訊學研究所。

國家教育研究院（2014）。十二年國民基本教育課程發展指引。 https://ws.moe.edu.tw/001/Upload/23/relfile/8006/51083/c1f743c e-c5e2-43c6-8279-9cc1ae8b1352.pdf

國家教育研究院（2019）。十二年國民基本教育課程綱要議題說明 融入手冊。https://cirn.moe.edu.tw/Upload/ckfile/files/%E5%8D %81%E4%BA%8C%E5%B9%B4%E5%9C%8B%E6%95%99/%E 8%AD%B0%E9%A1%8C%E8%9E%8D%E5%85%A5%E8%AA% AA%E6%98%8E%E6%89%8B%E5%86%8A(107_12).pdf

Crawford, B. A.(2000). Embracing the essence of inquiry: New roles for science teachers. *Journal of research in science teaching, 37*(9), 916-937.

Eisenberg, M. B. & Berkowitz, R. E. (1990). *Information problem solving: The big six skills approach to library & information skills instruction* (1st ed.). Ablex Publishing Corporation.

Keys, C. W. & Bryan, L. A.(2000). Co-constructing inquiry-based science with teachers: Essential research for lasting reform. *Journal of research in science teaching, 38*(6), 631-645.

國家圖書館出版品預行編目(CIP)資料

資訊素養融入探究式學習之理論與實務 / 陳昭珍, 陳海泓, 賴苑玲, 曾品方, 陳芳雅, 林心茹, 童師薇作；陳昭珍主編. -- 初版. -- 臺北市：元華文創股份有限公司, 2022.10
面；　公分

ISBN 978-957-711-261-3 (平裝)

1.CST: 資訊素養　2.CST: 資訊教育

528.45　　　　　　　　　　　　　　111007419

資訊素養融入探究式學習之理論與實務

主　　編：陳昭珍

作　　者：陳昭珍　陳海泓　賴苑玲　曾品方　陳芳雅　林心茹　童師薇

發 行 人：賴洋助
出 版 者：元華文創股份有限公司
聯絡地址：100 臺北市中正區重慶南路二段 51 號 5 樓
公司地址：新竹縣竹北市台元一街 8 號 5 樓之 7
電　　話：(02) 2351-1607　　傳　　真：(02) 2351-1549
網　　址：www.eculture.com.tw
E - m a i l：service@eculture.com.tw
主　　編：李欣芳
責任編輯：立欣
行銷業務：林宜葶
出版年月：2022 年 10 月 初版
定　　價：新臺幣 450 元

ISBN：978-957-711-261-3 (平裝)

總經銷：聯合發行股份有限公司
地 址：231 新北市新店區寶橋路 235 巷 6 弄 6 號 4F
電 話：(02)2917-8022　　傳 真：(02)2915-6275